吉林全書

史料編

㉕

吉林文史出版社

圖書在版編目（CIP）數據

輝南縣志 / 白純義監修 ; 于鳳桐總纂 . -- 長春 : 吉林文史出版社, 2025. 5. -- （吉林全書）. -- ISBN 978-7-5752-1125-3

Ⅰ. K293.44

中國國家版本館 CIP 數據核字第 2025SM3859 號

HUINAN XIANZHI

輝 南 縣 志

監　　修　白純義

總　　纂　于鳳桐

出 版 人　張　强

責任編輯　王　非　馬銘燴

封面設計　溯成設計工作室

出版發行　吉林文史出版社

地　　址　長春市福祉大路5788號

郵　　編　130117

電　　話　0431-81629357

印　　刷　吉林省吉廣國際廣告股份有限公司

印　　張　24.75

字　　數　12千字

開　　本　787mm × 1092mm　1/16

版　　次　2025年5月第1版

印　　次　2025年5月第1次印刷

書　　號　ISBN　978-7-5752-1125-3

定　　價　130.00圓

《吉林全書》編纂委員會

總序

『長白雄東北，嵯峨俯塞州。』吉林省地處中國東北中心區域，是中華民族世代生存融合的重要地域，素有『白山松水』之地的美譽。歷史上，華夏、濊貊、肅慎和東胡族系先民很早就在這片土地上繁衍生息，高句麗、渤海國等中國東北少數民族政權在白山松水間長期存在，以契丹族、女真族、蒙古族、滿族融合漢族在内的多民族形成的遼、金、元、清四個朝代，共同賦予吉林歷史文化悠久獨特的優勢和魅力，決定了吉林文化不可替代的特色與價值，具有緊密呼應中華文化整體而又與衆不同的生命力量，見證了中華民族共同體的融鑄和我國統一多民族國家的形成與發展。

提到吉林，自古多以千里冰封的寒冷氣候爲人所知，一度是中原人士望而生畏的苦寒之地，一派肅殺之氣。再加上吉林文化在自身發展過程中存在着多次斷裂，致使衆多文獻湮没、典籍無徵，一時多少歷史文化精粹『明珠蒙塵』，因此，形成了一種吉林缺少歷史積澱，文化不若中原地區那般繁盛的偏見。實際上，在數千年的漫長歲月中，吉林大地上從未停止過文化創造，自青銅文明起，從先秦到秦漢，再到隋唐直至明清，吉林地區不僅文化上不輸中原地區，還對中華文化産生了深遠的影響，爲後人留下了衆多優秀古籍，涵養着吉林文化的根脉，猶如璀璨星辰，在歷史的浩瀚星空中閃耀着奪目光輝，標注着地方記憶的傳承與中華文明的賡續。我們需要站在新的歷史高度，用另一種眼光去重新審視吉林文化的深邃與廣闊，通過豐富的歷史文獻典籍去閱讀吉林文化的傳奇與輝煌。

吉林歷史文獻典籍之豐富，源自其歷代先民的興衰更替、生生不息。吉林文化是一個博大精深的體系，從左家山文化的『中華第一龍』，到西團山文化的青銅時代遺址，再到二龍湖遺址的燕國邊城，都見證了吉林大地的文明在中國歷史長河中的肆意奔流。早在兩千餘年前，高句麗人的《黄鳥歌》《人參贊》以及《留記》等文史作品就已在吉林誕生，成爲吉林地區文學和歷史作品的早期代表作。高句麗文人之《新集》，渤海國人『疆理雖重海，車書本一家』之詩篇，金代海陵王詩詞中的『一咏一吟，冠絶當時』，再到金代文學的『華實相扶，骨力遒上』，皆凸顯出吉林不遜文教、獨具風雅之本色。

吉林歷史文獻典籍之豐富，源自其地勢四達并流、山水環繞。吉林土地遼闊而肥沃，山河壯美而令人神往，吉林大地可耕可牧、可漁可獵，無門庭之限，亦無山河之隔，進出便捷，四通八達。沈兆禔在《吉林紀事詩》中寫道，『肅慎先徵孔氏書』，印證了東北邊疆與中原交往之久遠。早在夏代，居住於長白山脚下的肅慎族就與中原建立了聯係。一部《吉林通志》，『考四千年之沿革，挈領提綱；綜五千里之方輿，辨方正位』，從時間和空間兩個維度，寫盡吉林文化之淵源深長。

吉林歷史文獻典籍之豐富，源自其民風剛勁、民俗絢麗。《長白徵存録》寫道，『日在深山大澤之中，伍鹿豕、耦虎豹，非素嫻技藝，無以自衛』，描繪了吉林民風的剛勁無畏，爲吉林文化平添了幾分豪放之感。清代藏書家張金吾也在《金文最》中評議，『知北地之堅强，絶勝江南之柔弱』，足可見，吉林大地與生俱來的豪健英杰之氣。同時，與中原文化的交流互通，也使邊疆民俗與中原民俗相互影響、不斷融合，既體現出敢於拼搏、鋭意進取的開拓精神，又兼具脚踏實地、穩中求實的堅韌品格。

吉林歷史文獻典籍之豐富，源自其諸多名人志士、文化先賢。自古以來，吉林就是文化的交流彙聚之地，從遼、金、元到明、清，每一個時代的文人墨客都在這片土地留下了濃墨重彩的文化印記。特别是，清代東北流人的私塾和詩社，爲吉林注入了新的文化血液，用中原的文化因素教化和影響了東北的人文氣質和文化形態；至近代以『吉林三杰』宋小濂、徐鼐霖、成多禄爲代表的地方名賢，以及寓居吉林的吴大澂、金毓黻、劉建封等文化名家，將吉林文化提升到了一個全新的高度，他們的思想、詩歌、書法作品中無一不體現着吉林大地粗狂豪放、質樸豪爽的民族氣質和品格，滋養了孜孜矻矻的歷代後人。

盛世修典，以文化人，是中華民族延續至今的優良傳統。我們在歷史文獻典籍中尋找探究有價值、有意義的歷史文化遺産，於無聲中見證了中華文明的傳承與發展。吉林省歷來重視地方古籍與檔案文獻的整理出版。自二十世紀八十年代以來，李澍田教授組織編撰的《長白叢書》，開啓了系統性整理、組織化研究吉林文獻典籍的先河，贏得了『北有長白，南有嶺南』的美譽；進入新時代以來，鄭毅教授主編的《長白文庫》叢書，繼續肩負了保護、整理吉林地方傳統文化典籍，弘揚民族精神的歷史使命，從大文化的角度折射出吉林文化的繽紛异彩。隨着《中國東北史》和《吉林通史》等一大批歷史文化學術著作的問世，形成了獨具吉林特色的歷史文化研究學術體系和話語體系，對融通古今、賡續文脉發揮了十分重要的作用。正是擁有一代又一代富有鄉邦情懷的吉林文化人的辛勤付出和豐碩成果，使我們具備了進一步完整呈現吉林歷史文化發展全貌，淬煉吉林地域文化之魂的堅實基礎和堅定信心。

當前，吉林振興發展正處在滚石上山、爬坡過坎的關鍵時期，機遇與挑戰并存，困難與希望同在。站在這樣的歷史節點，迫切需要我們堅持高度的歷史自覺和人文情懷，以文獻典籍爲載體，全方位梳理和展示吉林政治、經濟、社會、文化發展的歷史脉絡，讓更多人瞭解吉林歷史文化的厚度和深度，感受這片土地獨有的文化基因和精神氣質。

鑒於此，吉林省委、省政府作出了實施《吉林全書》編纂文化傳承工程的重大文化戰略部署，這不僅是深入學習貫徹習近平文化思想、認真落實黨中央關於推進新時代古籍工作要求的務實之舉，也是推進吉林優秀傳統文化保護傳承、建設文化强省的重要舉措。歷史文獻典籍是中華文明歷經滄桑留下的最寶貴的東西，是吉林優秀歷史文化『物』的載體，彙聚了古人思想的寶藏、先賢智慧的結晶。對歷史最好的繼承，就是創造新的歷史。傳承延續好這些寶貴的民族記憶，就是要通過深入挖掘古籍蘊含的哲學思想、人文精神、價值理念、道德規範，推動中華優秀傳統文化創造性轉化、創新性發展，作用于當下以及未來的經濟社會發展，更好地用歷史映照現實、遠觀未來。這是我們這代人的使命，也是歷史和時代的要求。

從《長白叢書》的分散收集，到《長白文庫》的萃取收録，再到《吉林全書》的全面整理，以歷史原貌和文化全景的角度，進一步闡釋了吉林地方文明在中華文明多元一體進程中的地位作用，講述了吉林人民在不同歷史階段爲全國政治、經濟、文化繁榮所作的突出貢獻，勾勒出吉林文化的質實貞剛和吉林精神的雄健磊落、慷慨激昂，引導全省廣大幹部群衆更好地瞭解歷史、瞭解吉林，挺起文化脊梁、樹立文化自信，不斷增强砥礪奮進的恒心、韌勁和定力，持續激發創新創造活力，提振幹事創業的精氣神，爲吉林高品質發展明顯進位、全面振興取得新突破提供有力文化支撑，彙聚强大精神力量。

爲扎實推進《吉林全書》編纂文化傳承工程，我們組建了以吉林東北亞出版傳媒集團爲主體，涵蓋高等院校、研究院所、新聞出版、圖書館、博物館等多個領域專業人員的《吉林全書》編纂委員會，并吸收國内知名清史、民族史、遼金史、東北史、古典文獻學、古籍保護、數字技術等領域專家學者組成顧問委員會，經過認真調研、反復論證，形成了《〈吉林全書〉編纂文化傳承工程實施方案》，確定了『收集要全、整理要細、研究要深、出版要精』的工作原則，明確提出在編纂過程中不選編、不新創，尊重原本、致力全編，力求全方位展現吉林文化的多元性和完整性。在做好充分準備的基礎上，《吉林全書》編纂文化傳承工程於二〇二四年五月正式啓動。

爲高質量完成編纂工作，編委會對吉林古籍文獻進行了空前的彙集，廣泛聯絡國内衆多館藏單位，尋訪民間收藏人士，重點以吉林省方志館、東北師範大學圖書館、長春師範大學圖書館、吉林省社科院爲收集源頭開展了全面的挖掘、整理和集納；同時，還與國家圖書館、上海圖書館、南京圖書館、遼寧省圖書館、吉林省圖書館、吉林市圖書館等館藏單位及各地藏書家進行對接洽談，獲取了充分而精准的文獻信息。同時，專家學者們也通過各界友人廣徵稀見，在法國國家圖書館、日本國立國會圖書館、韓國國立中央圖書館等海外館藏機構搜集到諸多珍貴文獻。在此基礎上，我們以審慎的態度對收集的書目進行甄别、分類、整理和研究，形成了擬收録的典藏文獻名録，分爲著述編、史料編、雜集編和特編四個類别。此次編纂工程不同於以往之處，在於充分考慮吉林的地理位置和歷史變遷，將散落海内外的日文、朝鮮文、俄文、英文等不同文字的相關文獻典籍一并集納收録，并以原文搭配譯文的形式收於特編之中。截至目前，我們已陸續對一批底本最善、價值較高的珍稀古籍進行影印出版，爲館藏單位、科研機構、高校院所以及歷史文化研究者、愛好者提供參考和借鑒。

『周雖舊邦，其命維新』，文獻典籍最重要的價值在於活化利用。編纂《吉林全書》并不意味着把古籍束之高閣，而是要在『整理古籍、複印古書』的基礎上，加强對歷史文化發展脉絡的前後貫通、左右印證，更好地服務於對吉林歷史文化的深入挖掘研究。爲此，我們同步啓動實施了『吉林文脉傳承工程』，旨在通過『研究古籍、出版新書』，讓相關學術研究成果以新編新創的形式著述出版，借助歷史智慧和文化滋養，通過創造性轉化、創新性發展，探尋當前和未來的發展之路，以守正創新的正氣和鋭氣，賡續歷史文脉、譜寫當代華章。

做好《吉林全書》編纂文化傳承工程是一項『汲古潤今，澤惠後世』的文化事業，責任重大、使命光榮。我們將秉持敬畏歷史、敬畏文化之心，以精益求精、止於至善的工作信念，上下求索、耕耘不輟，爲實現文化種子『藏之名山，傳之後世』的美好願景作出貢獻。

《吉林全書》編纂委員會

二〇二四年十二月

凡例

一、《吉林全書》（以下簡稱《全書》）旨在全面系統收集整理和保護利用吉林歷史文獻典籍，傳播弘揚吉林歷史文化，推動中華優秀傳統文化傳承發展。

二、《全書》收録文獻地域範圍，首先依據吉林省當前行政區劃，然後上溯至清代吉林將軍、寧古塔將軍所轄區域内的各類文獻。

三、《全書》收録文獻的時間範圍，分爲三個歷史時段，即一九一一年以前，一九一二至一九四九年，一九四九年以後。每個歷史時段的收録原則不同，即一九一一年以前的重要歷史文獻，收集要『全』；一九一二至一九四九年間的重要典籍文獻，收集要『精』；一九四九年以後的著述豐富多彩，收集要『精益求精』。

四、《全書》所收文獻以『吉林』爲核心，着重收録歷代吉林籍作者的代表性著述，流寓吉林的學人著述，以及其他以吉林爲研究對象的專門著述。

五、《全書》立足於已有文獻典籍的梳理、研究，不新編、新著、新創。出版方式是重印、重刻。

六、《全書》按收録文獻内容，分爲著述編、史料編、雜集編和特編四類。

著述編收録吉林籍官員、學者、文人的代表性著作，亦包括非吉林籍人士流寓吉林期間創作的著作。作品主要爲個人文集，如詩集、文集、詞集、書畫集等。

史料編以歷史時間爲軸，收録一九四九年以前的歷史檔案、史料、著述，包含吉林的考古、歷史、地理資料等；收録吉林歷代方志，包括省志、府縣志、專志、鄉村村約、碑銘格言、家訓家譜等。

雜集編收録關於吉林的政治、經濟、文化、教育、社會生活、人物典故、風物人情的著述。

特編收録就吉林特定選題而研究編著的特殊體例形式的著述。重點研究認定『滿鐵』文史研究資料和東北亞各民族不同語言文字的典籍等。關於特殊歷史時期，比如，東北淪陷時期日本人以日文編寫的『滿鐵』資料作爲專題進行研究，以書目形式留存，或進行數字化處理。開展對滿文、蒙古文，高句麗史、渤海史、遼金史的研究，對國外研究東北地區史和高句麗史、渤海史、遼金史的研究成果，先作爲資料留存。

七、《全書》出版形式以影印爲主，影印古籍的字體版式與文獻底本基本保持一致。

八、《全書》整體設計以正十六開開本爲主，對於部分特殊内容，如，考古資料等書籍采用一比一的比例還原呈現。

九、《全書》影印文獻每種均撰寫提要或出版説明，介紹作者生平、文獻内容、版本源流、文獻價值等情况。影印底本原有批校、題跋、印鑒等，均予保留。底本有漫漶不清或缺頁者，酌情予以配補。

十、《全書》所收文獻根據篇幅編排分册，篇幅適中者單獨成册，篇幅較大者分爲序號相連的若干册，篇幅較小者按類型相近或著作歸屬原則數種合編一册。數種文獻合編一册以及一種文獻分成若干册的，頁碼均單排。若一本書中收録兩種及以上的文獻，將設置目録。各册按所在各編下屬細類及全書編目順序編排序號，全書總序號則根據出版時間的先後順序排列。

輝南縣志

白純義　監修
于鳳桐　總纂

提要

《輝南縣志》由輝南縣知事白純義監修、于鳳桐總纂，民國十六年（一九二七）六月脱稿，是年十二月付梓，鉛印綫裝，一函四册。全書分疆域、政治、人事、附記四卷。卷一疆域内分位置（附縣圖）、幅員、邊界、區劃、山川、城鎮、土質（附表）、古迹、名勝、道路（附津梁）、物産（附特種物産表）、氣候十二類；卷二政治内分沿革（附縣大事年表）、政績（附表）、教育（附學校分布圖、學校一覽表、留學、科舉、學田）、員警（附十六年改組辦法及改組表與林警緣起教練所）、保甲（附警甲一覽表）、區村（附表、附村會）、市政、團練（附剿防）、清鄉、財政（附田賦、雜捐、會費、貨幣、税捐、公款處）、選舉、外交、司法（附監獄、登記所）、電話（附分布圖又電話局攝影）、電報、郵政、水利、林政、金融、衛生（附屠宰）、消防、教養、單行章則二十三類；卷三人事内分民族、户口、農業（附苗圃）、工業、商業（附度量衡表）、礦業、漁業、林業、墾務、醫業、宗教（附祠廟表、信徒表）、禮俗、語言、外僑十四類；卷四附記内分人物、藝文、建議、歌諺、逸聞、跋六類。該志系統保存了輝南縣早期地理、物産、行政、經濟及社會的一手資料，尤其詳述礦産開發、民族融合、匪患治理等民國治理實態，爲研究東北地區開發史、民國縣域治理提供了珍貴文本。該志書填補了輝南縣舊志歷史文獻的空白，傳承了歷史文脉。對輝南縣的發展提供了寶貴的資料，推進了東北史、歷史地理學、社會史等領域的研究。

爲盡可能保存古籍底本原貌，本書做影印出版，因此，書中個別特定歷史背景下的作者觀點及表述内容，不代表編者的學術觀點和編纂原則。

輝南縣志總目次

卷二政治 七三

序

輝南設治始於有清末葉民國紀元易廳爲縣自是以降人民漸就安集廢事尙待興舉將欲究其歷史之沿革審其山川之形勢與夫土宜民俗以爲施治時考鏡之資則邑志之作固有司之責也民國八年瑞之承乏是邑嘗有意於此顧以志之爲例蒐輯考證不厭求詳需日較多爰綜其大要以調查所得成輝南風土誌一篇暫備檢閱藉爲修志之嚆矢爲民國十一年三月瑞之奉檄去輝行轍所經篋中舊本猶在每一展對輒憶舊遊輝南八景猶時縈繞夢寐間且以未及更加考訂釐爲志書深引爲憾今年冬供職省垣白君仲芳自輝南來書告以縣志將蒇事屬爲弁言白君方宰斯邑勤求治理其考徵文獻研析利病之心蓋遠過於瑞之而輝人士相與搜訂纂次汲汲焉以蘄底於成尤

足見其知所先務已常人之情於其有志未逮之事方日屬望於他人有後來者毅然任之雖未躬與其成而其中心之愉快殆有不可以言語形容者視一邑之事如是視國事天下事亦如是也茲序之作亦其愉快之情有迫之使不能已者耳遂書以遺之且謝白君

中華民國十六年十二月遼陽王瑞之

序

郡縣之有志書者所以載山川民物地理風俗與夫治亂興衰之沿革變遷財賦物產之繁殖出納無不旁搜博採纖細畢舉登諸載籍如指掌然豈徒侈文章誇典麗哉亦俾爲治者覽此而知所措施以借鑑焉然方志之作因已成而修輯之尚易當未成而草剏之倍難輝邑設治未久曩雖有風土志一編迄未燦然大備斯志之作因也而奚翅夫創民國十年春余自鳳邑調攝輝篆五閱月而解職旋于役濱江逾年又檄調省垣襄理鑛政僕僕風塵頻年犇走學殖荒落日益甚矣適接邑紳李少甫于雲青兩公手簡謂奉邑侯白公仲芳委掌縣志編查館長纂修已朞年行將付印徵序於余余聞之既喜且愧所喜者在邑不數月相睽又數年而諸君不我遐棄勗我愛我潭水清深夫輝邑地處邊

陲山林榛莽萑苻竄擾時有所聞每歲之中武備多而文事少軍書旁午之際諸君子好整以暇搜羅考訂深心毅力卒觀厥成是尤難能可貴者獨愧余承乏其間時期短促措置無片長可錄於地方應興應進者竟有志而未逮且是邑之名勝未盡周歷而是書之告成又隻字未補思之能勿慚恧耶雖然有斯志則蕞爾一邑頓使文物燦然亦足與全國志乘爭光而諸君子文望藉此日彰不佞得以附驥亦幸矣爰誌數語以歸之非敢弁首聊紀事實云爾

中華民國十六年十一月費前知事光國叙於實業廳

序

三代以上閭有史里有乘一偏隅地方之土地人物文教風俗氣候山川物產無不纂而輯之裒然成書而職記載者又涵濡於先王之教育各具有搜遺訂墜之才以效能於社會是以上足以供國家之甄採下亦以相觀而善任至一方皆斐然有一道同風之徵嗚乎尙已漢唐以後此風漸替國史而外惟郡縣有志而已郡縣志以以義法體例稱美善者莫如陝西武功縣志其他則寥寥可數甚矣人才之難得而編纂之任之不易旣也輝南設治較晚前淸因密邇邊疆有廳治之設然草萊甫闢文化初萌芽名爲廳治而實則榛莽區也民國改縣十一年杼奉檄知縣事莽蒼氣象依然太古山林蓊蔚間往往藴孽恣害盜賊之橫甲於全省杼禁虣詰奸日不暇給桴鼓少閒時偶考察故籍知前有

廳志之編已洒然異之然大略推輪略具模型已耳無怪繼杼任縣事之白君仲方有縣志編查舘之設也白君嫺習法律沈浸於國學者有年才備三長爲政界所推許而舘長李君少甫于君雲青又皆諳練明達能讀綫裝書浸淫不懈而及於古杼曩與共事有年知之較稔宜乎從事期年而燦然大備殺青有日吾知義法之謹嚴體例之簡要必不在武功縣志之下而閭史里乘之局於一部分者知不足與相提併論矣丁卯孟冬杼承乏安東甫抵任輝南人士郵書徵序杼回憶舊游誼不可却遂書此以弁其端並藉以申先覩爲快之請想輝南人士當不我靳也

民國十六年十一月王前知事杼叙於安東縣公署

序

夫叔孫豹之對士匄學舉臧孫王孫滿之見晉臣功推射父誠以賢士大夫諳於掌故習於民風類皆始於鄉里終於邦國無不抒懷舊之宿念發思古之幽情以恭敬桑梓之心而蔚爲政俗之美者也雖然人事代謝時勢滄桑一代之廢興存亡一地之建設沿革不有作者爲之載紀後之來者何以稱焉試考訓方通四方之政各史掌四方之志以及禹貢兼詳物產周官幷列職方則知地方之志誠有與國史並重者矣輝南去省垣五百里左長白望朝鮮右圍荒毗鷄林豈惟省之封域抑亦國之巖疆也顧地利未闢人鮮安土歲有凶富暴賴靡常而官吏之爲之勞來安集教誨保養之者無所不盡其道而以多盜之區尤必防務周密策重保安猶齒顧脣譬車賴輔夫以爲國家强肢體固邊幅其

地與人之重也如此而大府之於守令又必選賢能循良之吏而典之其地之所產人之所事政之所施又必時時以聞所重斯地與斯人也又如所庶政廢興集成考績所以昭炯鑑而垂久遠者則縣志固不可闕有淸宣統二年太守薛仲和設治伊始即著廳志民國八年大令王輯五又爲風士志所以闡地方之文化意良深矣余於十三年秋承乏斯邑循圻覘風見阡陌相連四民樂業則知二十年生聚教訓地稍稍闢人稍稍聚矣居之稍久琴堂聽訟見其人之獷悍未革速獄以多於是亟亟於興實業擴教育使之有以爲養有以爲教恢復區村使民衆相與理事佐官治之不逮而樹地方他年自治之基又爲之儲倉穀籌貸欵謀交通通金融以濟其窮而通其變越明年政之廢者稍舉民之獷者漸化於時盜氛益熾擾境者動累千百且每有襲城之阨余乃書生戍馬

仗劍登陣躬部防務誠弗敢稍存旦夕之安迨至巨憝投誠地方靜肅盤根斬割利器披靡則滿腔熱血殆亦半消磨於治盜矣雖然有武備者必有文事顧雖勞於武備然知文事未可盡廢也公退之暇取薛王各志展而讀之援昔徵今旁搜遠紹時之去薛也十五載事之去王也又五載以設治未久之地庶政所興移步變易其書雖佳其事固簡剏不於時適也於是慨然有修縣志之念顧因循未及舉而隣封各縣及各埠大學校圖書館徵求縣志之函紛至沓來舊志殘闕苦無以應於是召地方人士而與之謀以舊發警學存條兌餘存欵之千餘金爲之費其後不足繼以地方包收林木捐餘欵千餘金以彌其虧以公欵處主任于龍辰及行政科科長李碩夫總其事繼延輿京于鳳桐任總纂自民國十五年七月訖十六年六月蒇事脫稿後屬地方人士鑒定而校讐之

且付梓矣余始以于君之以齊人語楚固未必詳且盡今觀所輯其實皆得於輝之宿儒耆舊時彥名流與夫縣署卷宗之所存載雖無資於採訪而綱張目舉鑿鑿皆甚有據於輝之事亦庶幾矣溯余治邑已三載矣雖未爲輝福然日夕孜孜不遑暇食悉心擘畫者固罔不爲輝之人計尤力求地方文化之衍進今者縣志既成上以貢之列憲有所據以爲考核下以頒之輝人有所資以爲興起譬於江河薛王之志積石濫觴實爲導源而此覆瓿一編鑿龍門而混混汩汩於輝邑地方進化一日千里之機實啓其樞所望輝之人發憤爲雄使斯邦文物發輝光丈邊幅固而肢體强非區區一邑之光國家實利賴之即後之人亦知椎輪大輅之有自云

中華民國十六年六月輝南縣知事興京白純義叙

序

從來國家實錄以信史爲宗邑縣民風以志乘爲據考献徵文歷代有沿革之表觀風問俗鄉黨有月旦之評居今日而参往古處庭戶而知列邦其間之風土文物軼事奇觀疆域之宏規警學之制度大綱小紀凡關於政治者皆賴縣志之編可以供諸衆目傳示來茲也維斯邑周曰肅慎漢屬挹婁唐名靺鞨遼稱女眞明爲扈倫輝發部落自前列祖列宗置鮮圍場蒐苗獮狩四時射獵講武駐蹕策勳洵極勝境迨中業以還居民日衆墾種日繁遂設治而建官焉自清季至民國始而大令鹿泉薛公仲和編有輝南廳志考據已具規模繼而大令輯五王公瑞芝續編風土志尤覺周詳迄今數年民事之日增文化之日進大令仲方白公臨蒞斯邑敬教勸學通商惠工化民成俗百廢俱興衆善備舉

越明年政通人和花封事簡琴軫勞宣招集邑紳立縣志編查館重修縣志增其舊制正當編纂之際省令尤重縣典是白公之設施與上峯之功令有默契焉由是調查新聞參稽古蹟所有關乎風化繫乎瀏覽可以變世流傳者無不詳且盡也元自客歲夏令承乏輝柳林區與斯邑士大夫交遊謬蒙縣長延訪贊助斯編以學疏才淺之質妄參夫著書立說之列幾何不貽笑方家且願就正有道雪泥鴻爪爰序斯編輝柳林區駐在所所長遼陽關慶元撰

序

輝南居奉省東鄙淸宣統初設撫民廳民國肇造改爲縣迄今二十稔而人烟之稠密商賈之繁盛有一日千里之勢民國十五年秋邑侯白公剖前大令薛公之成竹糾合士紳補闕拾遺重修輝南縣志丁卯孟夏縣志成囑余序余以輝南一邑不乏通材鴻篇鉅製必有以光縣乘而餉將來者老朽書生詎敢握槧惟縣志盛事也余雖不敏不得不勉爲其難以與諸君子周旋夫輝南古爲營州北部由禹夏至今相去且三千載其間或稱部落或稱廳或稱縣而代遠年湮則人物事蹟所資以爲考證者僅恃史傳數語然猶離合不常得失參半此亦可爲憾甚諸君子乃能溯本窮源創之於前修之於後未始非我輝南之厚幸也余早有志斯事將歷代人物事蹟與夫山川疆索彙爲一編以爲鄉土

歷史每以文献無徵取材無自而未果今諸君子先著祖鞭爲後起之借鏡造福於輝南者多多蓋縣志一書既可壯一縣之聲勢又可啓一縣之文明也

中華民國十六年夏六月劉順則序

序

宇宙之江山不改古今之稱謂各殊欲考究於往古必稽察諸典册此文獻闕如先聖所以有不足徵之感也況我輝南地處邊陲設治聿新雖有山川之鍾毓殊少耆碩之闡發若不稍爲記載恐愈久愈湮後有作者終無資而搜羅矣惟是先任薛公既創廳志之基繼任王公賡續傳薪之歌惜榮膺郵傳有志未竟迨鈞衡白公思邇慮遠念輝發部之勝蹟不可湮沒東樓公之盛典亟宜表章因而遠聘高賢近飭諸儒欲集腋而成裘拾零錦與碎玉思太山不讓土壤故能成其大河海不擇細流故能就其深殘雲補裘萋斐成錦良有以也乃武也幸際其隆不勝歆羨攀援之至思附驥尾深愧枵腹既蒙輶軒之採率爲芻蕘之獻螳臂尙思當車蚊蚋猶欲負山貽笑方家所不顧也是爲序輝南縣立

第二小學校教員王繩武撰

序

吾國地方之志由來舊矣禹貢條分州域方志載於地官降洎近古李唐之十道元和趙宋之黄岩旌川諸志實肇郡縣志書之權輿而輓近周羽冲之三楚新志康對山之武功縣志尤爲膾炙人口夫以興利除弊者借資龜鑑食毛踐土者如數家珍則於圖志不可緩矣然昔者以地方設治之後先不齊人文進化之遲早異致縣志之纂輯實未能一時畢舉國體共和以來天下視若一家職方司於内務政府之所徵彙省憲之所催比雖以拳山勺水僻在遐荒而版圖所在未容後焉吾輝設治於遜清季葉宣統二年冬太守薛公始著廳志然以鴻規遠制百未備一因實紀事寥寥數篇而已其後民國八年大令王公因薛志粉飾而潤藻之更輯輝南風土志圍荒一隅之文化實開空階鳥迹之先

河十三年秋白公仲方下車蒞邑覃心政教昕夕不遑越二年政通人和百廢俱興爰於十五年秋謀修縣志設館於縣署之東偏一室以行政科長李少甫公欵主任于雲靑二公董之萬 靑不才亦與纂輯然以忝司教育促促靡暇愧無勷贊僅於脫稿之頃謬從校閱見諸君子之所纂輯者巨細靡遺苦心若揭雖未能藏諸名山以列於古作者之林而能依省頒之體例盡地方之事實於輝之事已庶幾矣抑又聞之志不同史亦不似傳史貴賅而志不宜賅傳可曲而志不宜曲意尙明達詞貴體要略於浮言詳於實事智不得增愚不能減一縣之志適於一縣之實而止作者於此有非百年禮樂喬木故都掌故可徵文獻可考之地不足以酣其筆而暢其墨者若吾輝南兄古之時羌無故寔搏搏撮土設治未世空山不語流水奚知雖以班馬之才假之時日恐亦有難爲力

者今吾輝南縣志將付剞劂蔚爲成帙余既愧塵狀鞅掌無以補諸君之所不逮又喜諸君子之覃心竭力苴補殘闕而幸觀其成也故樂而爲之序

中華民國十六年九月輝南縣教育所長陳萬青叙

序

縣之有志猶國之有史也非蓄道德能文章之巨人長者博訪周諮從事編纂
其何能徵文献於不朽取信仰於後世哉碩夫學識謭陋愧非其人焉敢率爾
操觚膺斯重任猥以受長官白公之委託承仕紳于公之推荐敢不竭盡心力
勉爲其難遂邀集地方名流澄照監督訓示組成縣志編查舘規劃一切進行
手續以希與諸賢豪相互切錯不顧貽笑于方家鉅料碩夫以丁艱返里不聞
舘事兩月於茲既虧職責尤負委任及起服返輝見于君猗操漏夜編纂筆不
停揮雖未克遽窺全豹亦可以計日觀成欣羡之餘猶思附驥乃天不佑我蘖
恙纏綿遂以積病之軀未能妄參末議今者書已脫稿將付剞劂謹就事寔略
加增於續貂之識在所不免援筆以述其經歷深愧其供職無狀也是爲序

中華民國紀元十有六年歲次丁卯五月古樂郊李碩夫述

序

國無史則一代典籍無可考縣無志則地方風土莫由悉故職方之司小史外史之設周禮特詳其任紀實也亦即垂將來也國然縣亦然蓋一縣之設立即有一縣之事實風俗也物產也天文地理人事也燦然其各備紛焉不勝書使非及時考求彙輯成帙將後之視今猶今視昔雖欲談往事徵軼聞道且無從此剏修縣志確有刻不容緩者輝南僻處邊陲清宣統二年始設治荒蕪甫闢文獻無徵十餘年間雖有薛公仲和之廳志王公輯五之風土志但事屬創作以云完備尚有待於後來歲丙寅白公仲方知邑事百政俱興兼鑒及此銳意倡辦計日觀成並聘于君猗操總其事謭陋如辰亦獲共襄斯舉幸莫大焉夫一邑之事實惟志是載則斯志之關係爲何如者語焉不詳難饜閱者之心華

而不實尤乖志之本旨知此弊者矯枉過正非流於寬泛即失於穿鑿求一善本戞戞乎其難辰也不敏居住年久閲歷較深舉凡風俗之變遷物產之狀類以及天文地理人事諸大端雖繁不盡知知不盡詳但精研焉博訪焉有聞必錄細大不捐假數月之搜羅成爲一縣信史意竊慰矣然而才非班馬曷敢侈談著作學慚李陳不過聞隨草創修飾之潤色之固自有人焉夫何患藏拙之術耶稿既脱將付梓爰述巔末以誌篇右

中華民國十六年六月上澣于龍辰序

例言

一輝南自宣統二年設治之秋薛守即著廳志民國八年王令繼著風土志民國十五年秋監督白公創修縣志

一本志遵照省頒體例酌量地方情形而增減之

一本志共分疆域政治人事附記四綱五十五目見目錄

一本志經緯度數依據中華分省圖量核列之

一本志物產況態徵詢地方人士之體察列之

一本志氣候目之晷刻寒暑兩事輯者以蒞輝未久無從體驗依據風土志及徵詢地方人士載之

一本志縣大事年表依據縣署卷宗擇而塡之

一本縣防務倍重他邑地方官吏因時制宜庶資保安故於團練之後附勦防與清鄉焉

一本志財政目之各項捐稅統照十四年度收入列之

一本縣外交向稱無事然日警出張所之設施違約侵權有關國體故附及之

一本志戶口數目依據十四年度各區調查表列之

一本志禮俗訪詢地方人士及參酌風土志載之

一本志人物採入依據地方人士之稱述及舊志所載

一本志藝文於他縣人士之著作有關於本地事蹟者一併收之

一本志軼聞據長白山江崗志略所載二則據地方人士稱述二則據縣署卷宗一則

一本志輯者以齊人語楚於地方事實不無錯誤掛漏之處地方人士幸教正焉

一本志於民國十六年付刊其政治卷中有因十五六兩年變遷改組之事項亦增纂之

編修者姓名

職務	現職	姓名	字	籍貫
總監修	縣知事	白純義	仲方	興京
館長	行政科長	李碩夫	少甫	瀋陽
	公欵主任	于龍辰	雲青	輝南
總纂		于鳳桐	猗操	興京
庶務會計	會計科長	李玉	璞山	興京
繪圖	留日東京高工學員	孫連仲	伯勳	輝南
事務員		蕭景芝	向榮	輝南
謄錄		于湖	匯川	輝南

監定　教育所長　陳萬青　封武　輝南
　　　　　　　　于龍辰　雲青　輝南
　　　林務局長　關慶元　仁夫　遼陽
分校　教育會長　李璽玉　寶忱　輝南
　　　　　　　　劉德祿　乃封　輝南
　　　市政籌備員　粟青圃　芳春　輝南

縣知事白純義

前知事費光國

館長李碩夫

館長于龍辰

總纂于鳳桐

編查館同人

于君漪操
蕭君景芝
王君庶堂
李君寶忱
關君善堂
栗君芳春
白君仲芳
劉君乃封
于君雲卿
李君璞山
李君少甫
孫君伯勳
陳君封武

縣署宜門

縣公署

縣署公堂

文廟

教育公所

學校

警察公所

農務會

商務會

監獄

公園

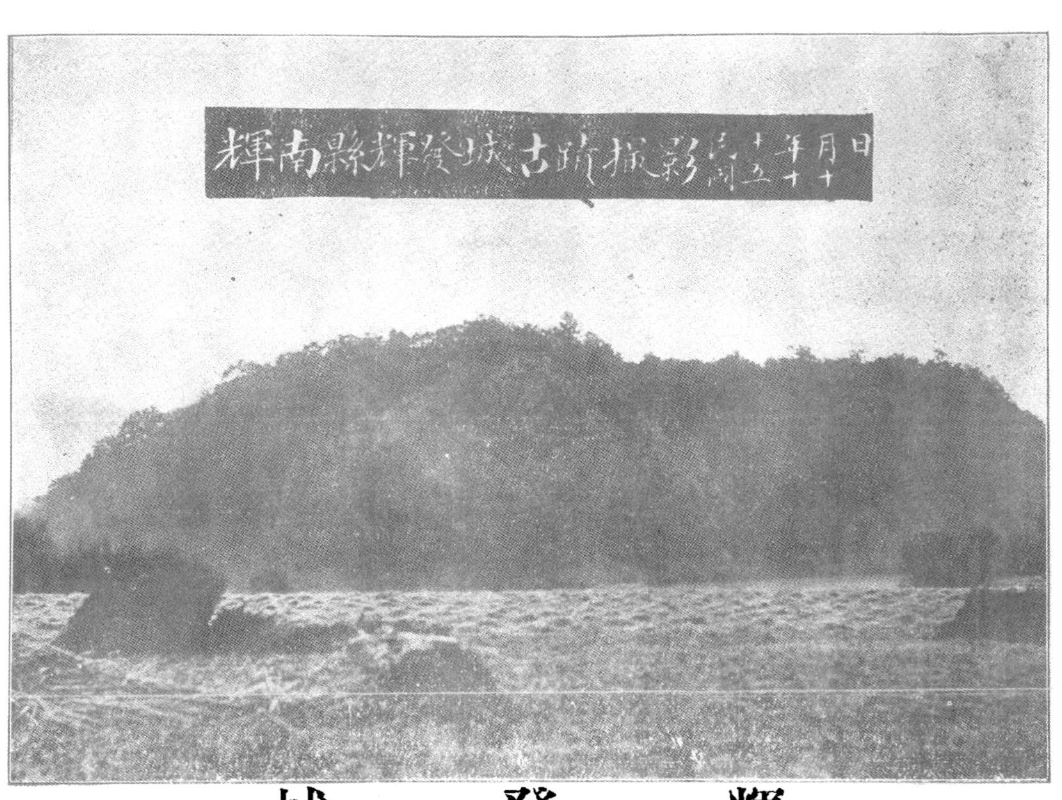

輝發城

點將台

位置

輝南縣境在奉天省城正東六百六十里屬東邊道東北毗連吉林濛江磐石二縣爲本省極東犄角一隅方位東起東經十一度之四十分三十秒西至東經十度之三十分北起北緯四十三度之十分南至北緯四十三度之五十分十五秒東西橫距四十九分三十秒南北縱距三十八分四十五秒縣城在東經十度之五十五分北緯四十三度之二十八分三十秒

幅幀

縣境初由海龍劃分八社胥字設治斟若劃一幅幀狹長離披形如蓮葉袤計一百三十里廣計八十里東南與西北斜距一百七十里西南與東北斜距一百里週圍計二百一十里面積計一萬零四百方里

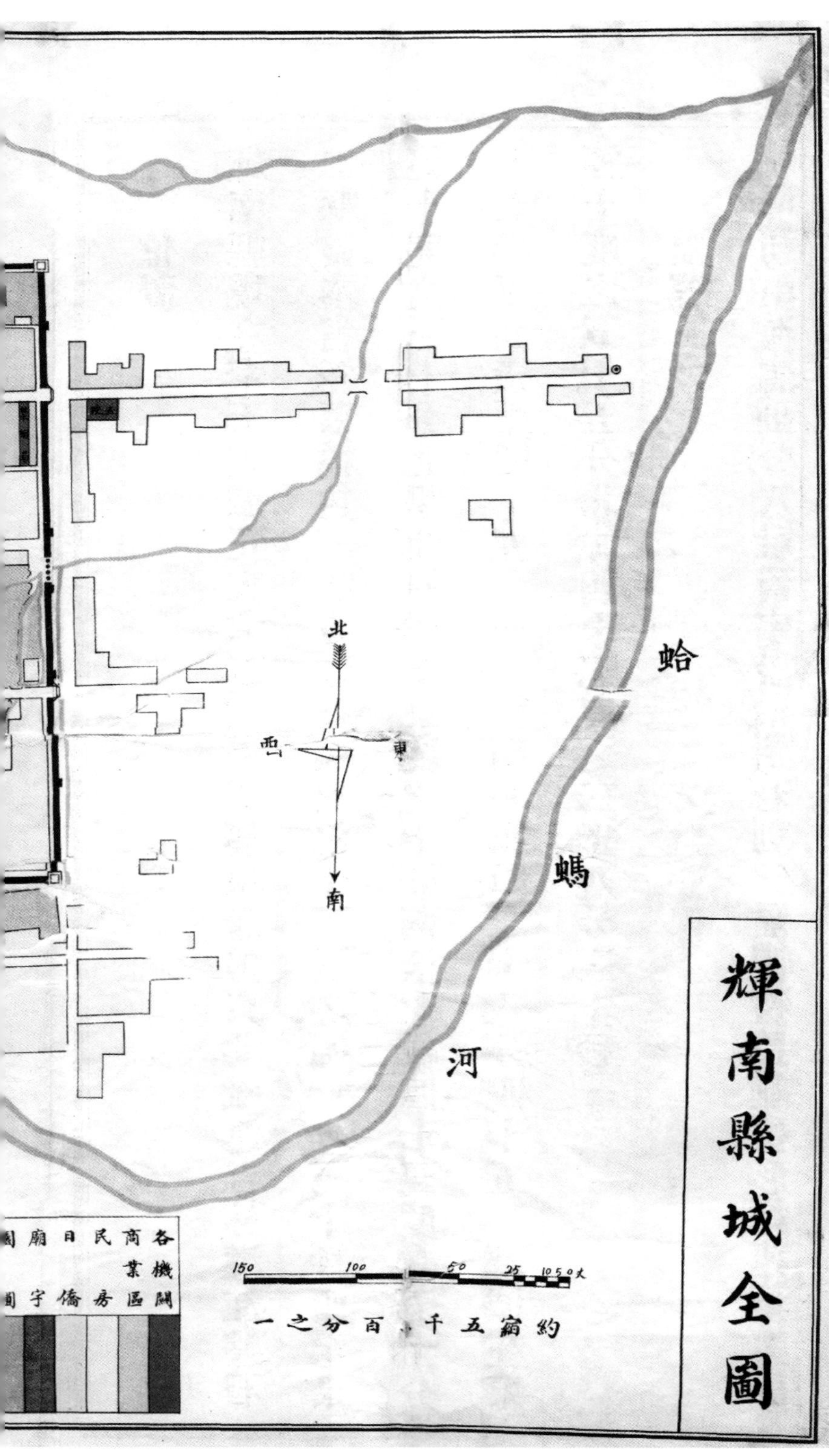

輝南縣城全圖
蛤
蟆
河
北
南
西
東
各機關
商業區
民房
日僑
廟宇
150 100 50 25 10 5 0 丈
約縮五千
百分之一

警察
中區
警甲所
縣公署
監獄
守衛
木柵
河流
池沼

邊界

縣域四境東至四方頂子七十里以岡脊爲界與吉林濛江接壤西至一統河五十里與海龍接壤南至老龍岡九十里以岡脊爲界與金川接壤北至大亮河以河爲界與吉林磐石接壤東南至龍岡山脊九十里與濛江接壤東北至托佛別五十里以輝發江爲界與磐石接壤西南至黑魚溝五十五里與柳河接壤西北至頭道溝五十里與海龍接壤

區劃

輝南自宣統元年劃分海龍府屬之海振海與海保海甲海綏海聚海遠海方八社闢爲縣治設治以來區村名稱地方習慣相因未改至民國八九年間劃八社爲八區十二年奉令試行區村制改爲四區嗣以區長艱於人選呈請停

辦仍用社村舊制遂將八社改稱輝振輝興輝保輝甲輝綏輝聚輝遠輝方等社名稱至十三四年間白監督呈請恢復區村制復將八社劃爲四區以輝綏輝甲兩社爲一區設區公所於大肚川區界南至鋪板石北至雙橋子東至四平街西至安子河以輝聚輝遠輝方三社爲二區設區公所於平安川區界南至杉松岡北至龍安堡東至太平莊西至德盛屯以輝振輝興二社爲第三區設區公所於團林子區界南至前安堡北至澂石河東至蛤螞河西至太和屯以輝保社爲第四區設區公所於中央堡區界南至四岔北至托佛別東至大北岔西至中央堡至於學校區劃與區村制同警察向分五區一區駐縣城二區駐大肚川三區駐平安川四區駐輝發城五區駐大塲園保甲四區一區駐西鞍子河二區駐樓街三區駐蛤螞河四區駐興隆堡

山川

龍首山爲長白山西下支幹老龍岡之分脈由縣境東南榆樹岔西北而來折過大肚川起而爲孤頂子北至縣城東南五里蛤螞河畔屹然特立一峯獨秀形如龍首高百八十丈長百二十里

鳳鳴頂山土名蜂蜜頂子係龍岡支脈由杉松岡北折經大陽松樹溝等處東趨至縣城南五里起爲高峯與龍首山相對成門戶形高三百六十丈長四十里

紫嶺在縣城北二里緜亘十里蜿蜒如常山蛇旹者葡萄盈樹初秋成實映帶夕陽常呈紫色故以名之

月牙山在輝發江下游北岸形如新月上有平臺相傳清高祖乾隆十九年東

巡駐蹕點將於此故又名點將山山東并有遺壘存焉距縣三十五里
扈爾奇山盛京通志作吉林峯峭立輝發江東岸江流曲折繞其三面上有古城爲有明輝發國遺址曰輝發城清聖祖康熙三十七年曾狩獵於此山距城三十五里

伏虎山山勢雄偉踆踞恣肆形如伏虎在縣城南五十里

東大陽山在縣城南十五里

西大陽山在縣城南二十里

紅石磖子在縣城東北十二里

青頂山一名磬嶺在縣城東南五十五里

四方頂高五百丈週七十里山岡方平爲境內最高之山在縣城東南一百里

略棒嶺在城西南二十里

杉松岡平衍十餘里煤鐵各礦藴儲頗富在縣西南四十五里

菰米山駱駝磖子山脈山北澗内素產菰米故以爲名在縣西北四十里

馬尾山山形秃突如馬臀俗名馬髀股山在縣城南四十里

安子山山秀兩端隆起形如馬鞍在縣城南三十五里

馬家山在縣城西北三十里

腰嶺在縣城東南二十里

大北岔山在縣城東五十里

南孤頂山在縣城南四十里

北孤頂山在縣城南三十里

蛟河發源於四方頂北麓四岔西北流受石頭河水經大北岔及大塲園約二十里至靑頂山北麓曲折西北流二十五里經中央堡下流三十里至托佛別北入輝發江流域一百五十里

蛤螞河發源於馬尾山受暖水河下通流水溝會孤頂山鞍子河大陽澗溪所出南流諸水經鳳鳴山麓東循龍首山北流過紅石磖直下至口入輝發江流域一百四十里

輝發江江源有二一爲南來之三通河一爲西南來之柳河至高家船口二河匯流東流至托佛别出境下至吉林樺甸入松花江流域三百里經過本境六十里

三通河盛京通志謂三屯河河源有三一出柳河之藍山川一出柳河之大花

鞋一出柳河之馬鹿溝至小城子三水匯流北流曲折過金川之樣子哨至黄泥河入境西北流十里至樓上折而東北流二十五里過大隈子十五里至菰米山東入輝發江流域二百里經過本境五十里

一統河盛京通志謂雅吉善河源出海龍之山河堡至平安川匯窩集河入境北流十里入柳河流域一百二十里經過本境十里

窩集河一名烏鷄河通志謂圖門河河源有三一出掛牌嶺之半截溝一出駱駝磖子之聖水河一出黄崴子下流至紅土崖三水匯流至黑魚溝入境下入一統河流域八十里

東黄泥河發源於東大陽北麓松樹溝曲折西北流至輝發城下入輝發江流域六十里

西黄泥河發源於西大陽北麓會略棒嶺諸溪之水經大歲子北流入三通河流域三十里

龍灣又名黑龍潭在縣城東南榆樹岔地方高據山岡出平地四百餘丈深不可測有以四十縷十丈長綆繫石測之而不及底止者週約十里寒碧洋然凈不可唾四旁崖石嶙峋松柏交錯潭中有黑龍每見必大雨居人曾見黑龍乘雲雨東向飛去復還謂赴長白山天池朝老龍也又見池中翠羽比翼道是鴛鴦吾意此地必無斯鳥或鴒䳭之類歟據長白山江岡志略載龍岡一帶有七十二龍灣各有異蹟深山大澤實生龍蛇或其然耶

旱龍灣在龍灣東七里爲一巨壑週五里深四十丈懸崖壁立人不能登降潭底有穴水潦沈淫滲入地中故名旱龍灣灣中草樹叢生幽暝篱邃時有罔兩

行人至此每見樓閣聞絃歌云

城鎮

輝南縣城宣統二年設治委員薛德履之所築也南以鳳鳴龍首爲門户左帶蛤螞河而繞其北右倚紫嶺以爲衛環城皆山誠勝地也城方形廣袤各一里有半週圍共六里築土爲城高一丈下爲池深五尺爲門六南曰得勝北曰通遠大東曰太昇小東曰治安大西曰永定小西曰阜康沿墻築礮臺以資守望城東南隅近蛤螞河地勢甚低暑雨水溢頗患沮洳民國八年夏於大東門南城垣拆毁十丈改築水閘宣洩利而無湮塞之虞矣四關廛闤寥落僅有居民惟南關街長二里市肆繁盛中設一門以限行人上建譙樓以爲斥堠之所大東關街長一里亦有市廛而不蕃盛關門晝夜守兵以時啓閉設險守城爲關

禦暴所謂三里之城頗有金湯之固也按薛令築城原擬設東南西三城門東曰天乙南曰延年西曰承祿而大東大西與北三門則爲便門後以交通之故改北便門爲城門幷易其名云

大肚川鎭距縣城南四十五里第一區公所警察二區山林警察一隊第一區設第一小學校第三小學校鎭街南北長五里居民五百戶商戶百餘爲輝南首鎭云

大場園距縣城東三十五里屬自治四區轄境警察五區第四區立第三小學校均駐焉鎭街東西長二里居民二百戶商戶三十

興隆堡鎭距縣城東南五十里亦屬自治四區保甲第四區保所第四區立第四小學校均駐焉鎭街東西長二里居民三百戶商戶六十

樓街距縣城西南三十五里屬自治第二區保甲第二區保所第二區立第二小學校均駐焉鎮街東西長二里居民五百户商户三十

中央堡距縣城東北二十五里第四區公所警察五區一分所第四區立第一小學校均駐焉鎮街南北長三里居民三百户商户四十

土質

輝境壤地以周禮五土别之東南爲山林西北爲原隰中部爲墳衍而川澤丘陵之土間亦有之是以百里之地堅弱墟沙息耗備具十萬之人剛柔大細美醜不齊其性多宜菽粱其他穀蔬未能茂育其色類别褐澄褐色較沃澄色最瘠今將各區土質按其色質擬於九品爲表别之

附表

區別	質色	品別
第一區	褐色十分之一 澄色十分之九	下中
第二區	褐色五分之四 澄色五分之一	中上
第三區	褐色十分之五 澄色十分之五	中下
第四區	褐色五分之一 澄色五分之四	下上

古蹟

輝發城在縣城北四十里扈爾奇山之巔爲明扈倫國輝發部落之城土堞臨江頗據形勢按盛京通志載城週圍二百步門一乾隆十九年東巡過此曾有

輝發懷古詩云又輝發峯城在輝發峯西北週圍四里南北各二門輝發河城四面各二十步門一今按輝發江上輝發遺蹟已有明遠無城之感惟輝發城尚可辨識其二城則湮沒矣考輝發之先本姓伊克得里後有納拉氏欲附其姓殺七牛祭天改姓納拉是爲輝發始祖傳七世至旺吉努招服諸部築城於輝發河邊扈爾奇山號輝發國其孫拜音達里與葉赫貝勒布齋合烏拉哈達等九國之兵西下侵滿洲太祖敗之於古哷山布齋被殺拜音達里逃歸其部多叛附葉赫乃遣使乞盟以其臣七人之子來質於滿洲乞援兵太祖發兵千人助之葉赫貝勒納林布祿搆拜音達里曰爾若索還爾質子吾即返爾叛族拜音達里信之曰吾其中立於滿洲葉赫二國之間乎遂取回質子乃以己子質納林布祿而叛族竟不見還拜音達里遣使告滿洲曰吾前者誤爲納林布

祿所誑今欲乞賜我婚姻太祖允之後背約不娶太祖使使責之拜音達里曰俟吾葉赫質子歸乃娶耳旋築城三層以自固卒背婚約丁未秋九月見滅於滿洲按輝發峯城輝發河城與輝發城犄角爲勢當是背婚滿洲時所築也

三屯河衛明實錄載永樂五年置盛京通志謂在輝發河上流又謂三屯河源出納魯窩集東北流會雅吉善河圖門河即爲輝發河按納魯窩集即金川縣東南一帶龍岡所出之水爲今三通河則三屯河衛應在三通河下入輝發江交匯之黃泥河地方考明會典所載之衛至四百五十有八之多其實明時邊境東北盡於開原鐵嶺而已永樂初仿唐覊縻洲之意故爲封置今雖渺無可據而名存地在亦見當年之遺制也

圍場輝發部落自明萬歷三十五年清太祖率兵攻克收入版圖置鮮圍場爲

蒐苗獮狩之所天聰二年十二月太宗率諸具勒出獵東北三窪殪殺五虎從臣驚服其他即今輝發江西岸康熙二十七年十月丁未聖祖行圍銃殪二熊駐蹕輝發乾隆十九年高宗東巡八月丙寅亦駐蹕於此按輝南設治於宣統元年先是三十年前盛京將軍以鮮圍多被流氓墾種奏請丈放西距輝發城七十五里設龍海廳是則海龍未闢以前東南至於龍岡西北至於哈達縱橫四五百里之荒原皆屬鮮圍場地而以本境爲其衝訖今輝發城邊風生虎嘯想見清帝鳴鑾處人何圖而草枯鷹疾風勁弓鳴獵跡猶可尋也羅開道廟在輝發城山上廟堂一楹建於乾隆年間祀馬發者相傳清高宗東巡過此榛莽蔽天莫辨途徑募鄉導馬發應命鳴鑼開道前導法駕至吉林歡喜嶺馬欲返賞以金不受問所欲乞以輝發城左右以輝發形勝遠在遐方譜馬有貳意帝

怒斬之而尸不仆悟其枉命建廟祀之故土人謂之羅開道云

古泉高家船口地方係柳河三統河匯入輝發之處其流益大盛夏水漲兩岸輒有崩頹之處民國六年夏南岸頹落丈許土囊中見一瓷甕陶質細緻青碧斑駁古器也舟子以棹擊之甕破錢流百餘貫多趙宋故貨如崇寧政和大觀元祐元豐諸年號俱可辨識漢之五銖唐之開元諸錢間亦有之惜乎甕已毁敗收藏年代不可攷矣

古印輝發江畔人家半葉操舟仲秋月夜某舟子罷棹歸來江水淸淺輒見蒲柳之叢瑩然有光寒碧射斗尋久之得一古印班駁陸離黝然古質而湮沒歷時篆文剝落舟人不識磨洗之色潔澄以爲金也鍊之鎔焉未幾又獲徑寸一印亦古致後被某醫持去似此古物不知保存殊可惜矣又高家船口北岸某

甲驅車輸土掘得銅印一顆柄紐俱朽文亦模糊惟印柄户部造三文可識嗣爲某官者遣人索去

名勝

輝南公園在縣城東北隅前瞻闤闠後倚垣墉縱百步横二百五十餘步狹而修幽以曲爲門一坊一埠一山一橋二亭五池四鬻臀七百有奇民國九年夏王令輯五之所建也南隅有門額曰公園入而循徑北行左右植楊柳下引細流渡橋遵而西入園中隙地方二畝爲中學體育場其後爲木亭觚棱門角顔曰偕樂天樹木碣鐫邑人李猶龍所爲公園記左檐懸一版刋海城里飛鵠所題五言古詩右爲栖霞姜炳元撰記其東爲坊刋王令記文一首里君序文一首轉而北跨曲水登土埠入亭額曰賞雨納凉埠圜形亭六角北顧隱隱見城

外山下週積水爲方塘爲圓渚爲堤爲埭有萍有蒲旁植弱柳鳥鳴於上而魚游於下其幽若不可極降埠而西有亭額曰飛觴醉月略如賞雨亭而廣大焉處平陸不可眺遠其楹榭虛朗而向東南必於月夜美也前爲土山濯濯如臥牛再南爲衆歡亭其旁生草而亭無所飾若供遊人息也者東過隙地由門而出

輝南八景曰龍山夕照曰鳳嶺朝霞曰紫嶺行人曰青巖積雪曰輝發山市曰將台夜月曰龍潭松韻曰菰米雙流城東南之龍首山長白支脈城郭屏藩長空雨霽蝃蝀在東石影松陰與夕照相掩映蒼翠欲滴景殊可人爲龍山夕照系以詩曰城外東山好譙樓映夕曛春殘花似火雨後草生雲收下牛雙笠柴迷鹿一羣莫愁白日落明月上榆枌城西南之鳳鳴頂山松嵐浮翠石壁流丹

海日初升之際雲霞瀰漫映射城闕金碧陸離有日光照耀金銀臺之致爲鳳嶺朝霞系以詩曰三足烏鳴海日跳西南山色鬱縹緲鳳儀絳闕龍吟水雲作銀屏霞建標長白脈與天作柱戴筐星照斗横杓側身北眺輝南市幾縷炊烟起碧霄城北紫嶺勢平坦縣亘十里四達之塗行人如織青烟紫靄之中朝往夕來自城上望之宛然一幀生動圖畫也爲紫嶺行人系以詩曰北郭夕陽紫嶺平城頭來往見人行闤荒廿載謀生聚一派繁華在市聲城東南青嶺高冠羣峯林壑深邃積雪經夏朗如玉山山海經謂不咸山冬夏有雪孜不咸即長白而青嶺即長白脈荒寒邊地具此奇觀爲青巖積雪系以詩曰萬仞碧摩空東南立玉屏城頭時一望草色雪中青城北扈爾奇山上有古城下臨江水壁立百仞蔚然深秀春秋氣爽每現城垣樓閣縹緲空際雉堞女墻宛然可數爲

輝發山市系以詩曰匽爾奇峯臨江水山中往往現槐市畫棟雕甍隱約浮魁樓傑閣崢嶸起觚棱門角半雲中瑶礎蟠根全霧裡花木好如金谷園酒旗飄浮新豐里有時王者升覩朝中貴幢幢奉趨使有時大官疏諍陳丹墀抱笏跽朱履有時遠方使者來賓館悤悤頓行李有時豪士狹邪遊華騮辟易金吾止有時美女步遊春玉珮金環曳羅綺乾端坤倪變化多須臾惟見朝霞紫江上人言昔者山中有蔆精水邊雙影照孩子往往又聞仙樂鳴非復管絃能商徵吁嗟乎天地之大無不有君不見初平叱石便成羊子美看雲忽變狗城北月牙山上有點將臺山岡平坦江流虹抱月明之夜澄練平拖厥景清幽爲將臺夜月系以詩曰輝發江水深江上有高岑清帝東巡狩明月此登臨風雲思猛士名將憶淮陰嚴更校部曲守土帝王心至今明月夜猶聽角弓音城東南黑

龍潭石壁環列攢青聳翠四圍蒼松蔽日風發濤湧謖謖澎湃如海潮忽至行人過此不必蜀僧綠綺輒有成連移情之感系以詩曰寒木淵泉長白靈泠泠逸韻出空青五更不辨松風水萬古常迷日月星丹鶴梳翎枝上舞蒼龍掉尾夜來聽行人欲倩雲和擬似有宮商已窈冥城西北菰米山一峯拔地獨立平原柳河西來三通河北下交環山麓湯湯活活春秋佳日著屐試登澄江雙練頗有可觀系以詩曰菰米峯獨立二水綠沄沄河伯間招伴山靈迴不羣夕陽雙渡喚人影兩邊分出岫還歸岫君知何處雲

道路

輝邑大部處岡陵原隰之地地勢起伏峻夷異致十里一岡五里一澤道路所出岡陵則患崎嶇原隰則苦沮洳荒落之時行人裹足設治以來逐漸開闢近

年路政益修蕩平日躋東入吉濛以鉅費開二百餘里孔道西抵海龍南通柳河金川北通吉盤各處各道均屬平治地方進化之一端也茲將鄉縣各道列表如下

縣道表

起點	至處	方向	距離里數	本境以內里數
本縣縣城	海龍縣城	西	八十里	四十五里
本縣縣城	柳河縣城	南	一百五十里	五十里
本縣縣城	磐石縣城	北	一百里	三十五里
本縣縣城	濛江縣城	東	一百六十里	一百一十里

鄉道表

起點	至處	方向	距離里數
縣城	中央堡	北	三十五里
縣城	大場園	東	三十五里
縣城	撫民屯	南	四十五里
縣城	鋪板石	東南	八十里
縣城	興隆堡	東南	四十五里
縣城	樓街	西南	三十五里

津梁 附

劉家船口距城西北四十五里據柳河之下游爲輝海柳三縣交通之要渡

高家船口距城西北三十里據輝發江之上游爲輝海交通之渡口

輝發城渡口距城東北三十里據輝發江之下游爲赴吉林樺甸及海龍等處要渡

闞家船口距城西北三十里據三通河下游爲赴朝陽鎭渡口

郭家船口距城西南三十里據三通河上游爲赴平安川渡口

樓街船口距城西南三十五里據三通河上游爲赴平安川渡口以上各渡口皆備艚船擺渡行人暑漲懷山民無病涉秋來沿戶齊糧以爲資費雖他鄉過客不歎望洋尤爲便焉

東關大橋宣統二年設治時建長一丈八尺寬一丈二尺高六尺底鋪檩木上

覆實土車馬行人均稱便利

鞍子河大橋宣統二年建長十一丈寬一丈高一丈五尺下入河底五尺建築情形略同東關大橋按縣境除西北各川皆有渡船外其餘山溪一衣帶水隨地搘石橫本皆可濟人故鮮杠輿之設僅志設治時所建二橋以見地方交通情形云物産

農產

穀古謂之粟有黏穀飯穀之别飯穀俗呼小米黏穀俗呼小黄米粒小而圓爲普通食物其禾曰穀草可以飼芻考後漢書挹婁傳有五穀

黍俗呼大黄米禾同飯穀米粒較大瑩潔如玉禮曰薌爲穀類上品可以釀酒

粱又曰蜀黍俗曰高粱本高丈餘有赭黑二色黑者性黏供食品赭者可以釀

酒造醋

玉蜀黍俗曰包米以其顆粒裹藏葉間也米粒特大有黄白二色白者磨粉亞於麥俱可製餱曰乾糧禾可飼畜宜種坡岑易植早熟夏秋之間舊穀既沒鄉人取之以濟食物曰接青黄與粱與穀爲境内食糧三大宗

稷禮謂明粢禾似穀米粒白皙大於穀其熟亦早

黏蜀黍俗曰黏高粱米似粱而柔潤有紅黄白諸色磨粉製餻頗佳穗長去粒可縛爲帚

稻即詩之稌米修潔而白煮食味旨藝於水田爲食糧上品

粳即稻之藝於陸者俗曰旱粳子其米較稻爲遜境内種者頗多

麥詩謂來北史勿吉傳土多粟麥境内所產有春秋二種秋麥較佳而種者頗

寡春麥宜於山壤磨粉供炊味頗甘亦食料上品

大麥即詩貽我來牟之牟芒長三四寸粒頗稀早熟供炊幷可製麴蘖

蕎麥莖細而紅其花色白粒三角形宜於薄田晚種早熟粉糙於麥而質較韌食之耐飢

大豆古謂之菽俗曰元豆粒大而圓色黄富蛋白質製爲豆腐味旨美含養分製油供烹飪軋滓爲餅曰豆餅可肥畜各爲境内農産大宗輸出頗多

小豆古謂荏菽粒小於菽而堅韌如石有紅白青黑數種味甘和煮粥製餌罔不適口

綠豆粒小而碧食之已毒祛暑氣浸之生芽可以當蔬曰豆芽

黑豆亦荏菽之類又曰胡豆膚黑肉碧可以入葯

稗米似稷而滑不適食品植於澤隰之地鄉農以爲曠地副產供飼畜之用

西番穀粒小而繁禾亭亭而直立葉蓬蓬以扶疏宜於塲圃之間種之易熟每株蕃衍盈升

蘇爾雅謂桂荏有紫白二種收子榨油可以燃燈

脂麻又曰油麻米藏角内取之榨油味甘曰香油可以調味

大麻爾雅謂枲高丈餘禮曰苴麻其實含脂皮柔韌可織可綯爲用頗巨絲麻詩謂苧幹視大麻爲巨皮視大麻爲糙用亦亞之

蓏豆藝於園圃而非蔬其本扶疏搖曳而若蔓花如蝶形豐艷可愛粒生角中夏間煮而食之其味甘和

蔬類

白菜古謂菘爲蔬類常品四時皆有之春種者曰春白菜秋種者曰秋菜即晚菘納之窨中者肥厚嫩黄曰黄牙白漬之甕中者經冬歷春味酢不渝曰酸菜

韭禮名豐本宿根於土刈而復發春初最佳味美而辛其實造醬亦佳曰韭花醬

山韭即詩六月食鬱之鬱獨莖一葉叢生谷間味亞於韭山間春初蔬盡採而食之

芹有水旱二種旱者藝於園圃巨根如塊莖棱兩味傲食必炒之水芹生隰澤形略異亦可食

葱春發曰羊角秋種曰白露味辛貞通體可食按金史地理志海蘭路貢海葱

山葱細莖大葉味遜於葱鄉人採食之

芥菘類蔬古謂芥菘塊根漬之以鹽爲鹹菜本葉味辛可食芥子入药

蒜有紫皮白皮獨頭分頭之分塊根生茹味辛祛暑其大者相傳張騫自西域

携歸蕃衍中土云

蔓菁即詩之葑一名蕪菁俗名玉哥頭略同芥而大

香菜一名芫荽其葉味香可佐蔬食相傳來自西域

蘿蔔長者爲水蘿蔔有胡蘿蔔形鋭而長

菠菜原名菠薐菜莖高葉大唐時波羅國所献

雲豆種來自雲南蔓生結角俗呼六月鮮

刀豆又名挾劍豆莢生横斜如人挾劍

豇豆角狹長至尺餘曝而乾之冬亦可食

生菜苣萵即可生茹

同蒿形氣如蒿味淸可茹

茴香木草作蘹香形如草茹之微香羣芳譜謂其子能已臭

蔞蒿即詩于以采蘩之蘩味淸芳古以薦神今呼流蒿以生水邊也

秦椒俗呼辣子以味辛也結椒長於棗生靑熟紅土人多食之

蕨薇野生蔬莖靑者謂蕨葉張如掌莖紅者謂薇俗曰猴腿以多毛也稚時俱可茹

苦蕒生田間稚時可茹花黃似菊俗呼苣蕒菜禮月令四月苦菜秀即此詩謂芑

山葯本名薯蕷菜園種之

馬鈴薯俗曰土豆味甘和可製粉有紅皮白皮二種紅皮微辛

壺盧詩謂壺其實圓而大幼時可食老而殼堅剖之爲瓢頀落可盛中凹而兩端凸起者曰亞壺盧

茄一名崑崙奴有紫白二種

地膚爾雅謂王彗俗呼掃帚苗苗嫩可茹老時縛爲帚

藋俗名灰菜葉白者可茹紅者有粉含毒

地瓜又曰藷子古呼爲芋塊根細長煮食之味甘和

莧菜分赤白二種生圃際稚時可茹赤者黏滑無味

蒀即黃精葉大花白其根大者如臂餌之充飢

龍芽有二種木本曰刺龍芽幼葉可茹草本曰苦龍芽食之味微苦葴俗曰酸

漿又曰寒漿生於山野仲夏採食之寒酢已渴

黄花菜即萱草花淡黄可愛稚時可茹根尤美

紅花菜即山丹花其花倒捲如垂瑪瑙東坡謂堂前種山丹錯落瑪瑙盤是也

黄瓜禮謂王瓜一名蔵姑蔓生其實稚時有刺茹之止渴

攢瓜形圓而長内生筋絲老而殼堅瓤肉味甘

倭瓜種來自倭形圓而扁赭色者味尤甘藏之可爲禦冬旨蓄

絲瓜一名天羅瓜長數尺羅垂架下以石墜之則直老則筋如亂絲

玉瓜似倭瓜而小味和多肉

冬瓜本草一名白瓜

香瓜一名甜瓜其種甚繁夏秋之間與水果幷市有卸花甜馬蹄沙羊角蜜諸

種

西瓜有青白二種其熟後於香瓜大似倭瓜味甘多漿

蘑菇一名地蕈獨莖葉如蓋種類甚多佳者味淸可食樹根蒸氣所生莊子蒸成菌即此

凍蘑生於林下採而藏之隆冬不渝其味尤美

楡蘑生樹穴中含養分爲珍品

楡黃蘑生敗楡幹上和鹽曝乾曰鹽水蘑味亦佳

榛蘑生榛樹中秋後降雨冒土叢生農婦爭採之以爲旨蓄

松樹蕈生松下色紫肉厚而黏滑秋後採之

丁香蘑生敗樹間蓋平幹直形如丁字味淸而香

木耳柞木敗後雨漬而生俗呼黑菜其形如耳質厚而美生楡樹者曰沙耳亞於木耳

花果

杏花分家杏山杏二種家杏頗少山杏二月著花香艷如桃五月實熟色黄味甘其仁入葯

李花小而白春華暑實家李實圓而大色紅而甘山李實黄而小多水分食之已渴其色黑而小者曰臭李苦澀無味

梨山梨最多花白無香三月中瀰漫山谷南風微動落地如雪秋初實熟或甘或酸均可食家梨有秋白尖把香脆諸種較勝山梨

棠梨詩謂常棣俗曰棠李子花實均晚於李實亦較小熟時色紅可食

櫻桃爾雅謂楔荊禮謂含桃花美麗可愛實晶瑩而紅如瑪瑙人家多藝之園圃中

葡萄花不甚美而多實山葡萄最多黑粒圓甘酸可食家藝者間亦有之實紫碧圓長遠勝於野生者即詩之薁

葡盤味甘而酢色紅而潤荒田叢生之葉多刺

桃僅有盆種者實多毛曰毛桃花後結實

山櫨小者曰山裡紅味酸止渴爾雅謂朹槃梅

丁香花有紫白二種夏季著花香聞里許一名百結花

山核桃生楸樹上似胡桃而長皮殼堅厚仁肉香冽惟葉含毒質落水中飲之手足拳曲宜伐去之

芍葯古名婪尾仲夏發花大如拳紅而艷色白者較小生山上曰山芍葯

松子即松塔子果松結之纍纍滿樹秋季採之殼堅仁肉甘旨可食

榛子榦細而低暑後實熟采而曝之爆去其殼其仁味香可食

玫瑰俗曰刺梅有家刺梅山刺梅之別家刺梅較高大花皆單瓣色紅嫣艷可愛其果可食

鳳仙花俗呼指甲花紅色能浸透指甲野生者曰季季草端陽節閨中兒女多以染指

月季俗名月月紅

菊花禮月令鞠有黃花儘有以盆藝植者有紅紫黃澄數種

江西臘似菊而小

迎春花迎春而發人家盆藝之

馬蘭禮謂荔挺葉離披如蘭花小如蝶初開藍色將落變爲絳色叢生道左

西番蓮大葉奇葩華麗可愛相傳來自西番

石竹花生山中枝如竹花嬌小嫵媚入葯曰瞿麥

葵花本高五尺花朵大如盤開常向日又名轉日蓮

蓼花詩謂游龍生於隰花垂穗秋初而發搖曳水際紅奪晚霞

山丹花一名紅百合花六瓣反捲色深紅鉤心鬬角蘇玉局所詠庭前種山丹是也

繡毬木本藝植盆中花小而艷輔輳如毬嬌艷可愛

玉簪花白而長未開時如玉搔頭一名鶴仙

牽牛花蔓生俗呼青娘子花色不一入葯曰黑丑白丑

鷄冠花形如鷄冠有黄白二種入葯曰青箱子

木槿花小而黄朝開夕合俗曰夜合詩謂舜華

凍青花葉如柳而圓新葉生舊業始脫花紫色冬含蓓蕾春夏方開

蘭草花形如韭花粉紅色儘有盆植者多蕙屬

氷蓼生於山陬氷泮即開一名氷了花

茉莉花有黄白二種秋後始開

節節高似菊而質色紅一本發花數十每花輒出一枝節節相高霜前茂犕

菱芡生水中二角曰菱四角曰芡俗謂鷄頭米角中含粉味甘和可食

燈籠花生山中幹側俛花色白遠望之似懸燈

野菊生山中花似菊色多紅白惟直質無菊之姿人家頗有移庭軒者

草木

芸草詩謂薰俗名香草葉類豌豆而細味貞醋可以避蠹

菸草葉大如箕冒霜而長其葉益厚曝而乾之貯於管而吸之味燥而辛可以禦寒

靰鞡草聖武記作烏臘草生於巖頭細而柔性温貯之靰鞡雖隆冬行氷雪中而足不寒

踏根草生田間其根蜿蜒隨蔓而生頗不易圖一名百足草

萍浮生水面葉小點點如星四葉相合中裂爲十字形者曰蘋或謂揚花入水所化陸生者曰青蘋

水稗生隰澤含水分可飼畜俗曰水蓬顆

葛藤蔓延谷中長數丈莖有絲治爲縷可以束物

塔頭草叢生水甸中鬚根壅土上蓬蓬如塔尖

靛一名藍草漚其禾汁可染藍入葯曰青黛

錯草孤聳有節幹多棱可以攻錯入葯曰木賊

蓑衣草爾雅曰夫須詩謂臺其莖柔可織笠製蓑

茨爾雅一名蒺藜蔓生墻下葉三角味酢可茹

章茅生荒山中莖翹而高可供苫蓋俗名苫房草

紅根草葉瘦而長多生澤中柔韌可繩用同烏臘草并可苫蓋

猩猩草雜生山谷莖紅斷之有血葉小如星俗曰星星草

花蘭蔓生葉厚而綠藤斷之有漿結實如瓢內有絮俗名葛兒瓢

水葱一名魚苗青青如葱生水中中通外直柔而可織

蒿詩謂蕭高大而葉繁者謂蓬白色者曰皜蒿細葉紅莖者曰香蒿葉分於手而莖有棱者曰益母蒿

艾似蒿而小莖微紅而葉背白揉之灸嬰孩已風端陽節閨中爭採之

莠草似穀而本赤穇生田中可飼畜

蒲莖高於葦離離生水中分香蒲臭蒲二種臭者結穗裂之出絮可以貯枕

遂詩言采其遂俗名羊蹄葉子名金蕎麥夏至即枯

天棘叢生墻頭似木賊而小

松常綠喬木葉如針老者皮皴如鱗山中最夥種類不一通稱結實者謂果松

無子者謂杉松脂多者謂油松

赤柏松肌理細緻氣息清香木中貴品

黄花松質堅而直亦上品多用爲槨

蹦松視他松爲小而體質堅韌入水如石不易腐敗

栢山中亦産之而視内地爲小

香樹俗呼搭枝香叢生崖上葉如凍青滿人採以爲香用之祭神早春著花香艷欺杏

楊有青白二種白者葉大曰大葉楊本直而高宜於建築

柳葉大而白者曰杞生於河邊者莖多紅曰檉柳枝如絲繫者曰垂柳

榆詩謂樞本産種類甚多刺榆本直而堅宜爲軸花榆肌理斑駁宜爲几案根

抵擁腫處曰木包文尤佳磨之多山水人物形製爲文具雅妙絶倫大葉楡多子如錢

槐樹皮膚斑斕有文木質亦剛

楸實曰核桃樹高大質堅宜造輿梁稚者皮柔可以束物

柞木高數丈質實其實曰橡子可以飼豕幼者曰棫其葉可飼山蠶

櫸俗呼爲杞柳形略如槐皮膚有文者曰花杞柳

樺樹皮似山桃有花紋老者柔而韌可蓋屋木質頗糙

椴葉圓而大皮黑可以漚之抽絲曰椴麻木質頗柔色赤者曰紫椴色白者曰

糠椴

棟木質頗堅靭俗呼色木

煖木皮温厚可墊鐙心製鞭桿木無大者不甚成材

茶條似楓樹而葉歧本細可以染青色結實形如蝶秋後葉丹如楓

杻爾雅謂檍俗呼紐筋子略似槐

荊條一名楚俗呼杏條採之可編筐筥

刺楸葉似梂質堅肌理文彩製爲箱櫃美麗可觀

老鸛眼一名鼠李木堅致有花紋子赤黑小如鴉目皮可染色

凍青寄生樹下子圓而赭葉葱綠凌冬不凋

楛色赤質堅如石中爲矢世傳肅慎貢楛矢即此

藥材

人參瑞草儲精敷榮萃秀三椏五葉背陰向陽本產最佳四方商賈遠來收買

獲利倍徒有四披葉五披葉之別初夏得者曰芽參花時得者曰朶子參霜後得者曰黃草參莖葉根鬚膏汁無不珍貴

五味子一名嗽神爾雅謂荎藸凡入葯以遼東子少肉厚者爲勝本産極佳服之已嗽

細辛一名少辛莖細而弱花麗可愛仲夏採之本産亦佳

車前子詩謂芣苢生道左葉敷佈如輪俗車轂轤菜

五加皮以五葉交加故名宜浸酒味清

地丁有紫花黃花二種

木通一名通脫木

艾即艾蒿爾雅謂氷台

茯苓生山中老松下抱木者爲茯神

因陳因宿根而生故名俗曰萬年蒿

葈耳即詩之卷耳俗呼蒼耳其葉捲曲如耳

白附子一名節附俗呼兩頭尖母爲烏頭本產者佳

金線重樓一名紫河車明一統志長白山出本境龍岡白山支脈深各陰濕之

地處處有之

玉竹即筆管菜

赤芍即芍葯根

龍胆草別名斜枝大夫生山中

紫草山產者粗而色紫其根已毒

萊菔子即蘿蔔子

獨活本直中空生隰處俗呼喇叭桶子

牛蒡又名大力子

蒼朮即槍頭菜多生山崗

牽牛即黑丑白丑

貝母一名商山林野藪間產之

桔梗古名薺苨俗呼明葉菜其根可茹

馬兜鈴蔓生其實如鈴俗呼桃筐

蒲公英花似菊俗呼婆婆丁

茺蔚詩中谷有蓷即此俗呼益母蒿

蒿蓄赤莖大葉多生道傍一名豬牙草

地膚子即王彗圖際產之

遠志詩謂葽一名小草

黃精俗名山墜其花下如繫鈴多產山崗

黃芪

防風

升麻俗呼鳖麻子

蠡實即馬蘭花子

杏仁即杏實

荊芥

黃蘗
夜明砂即蝙蝠矢別名黑煞星
熊胆
牛黃
鹿茸角之初生者服之補陽
鹿胎
虎骨

礦產

鐵礦產於西鞍子河地方鞍子山主要礦產係鐵礦砂礦地一區六方畝儲量尚無澈底探戡產量歷年六七十萬斤製煉熟鐵二十萬斤礦苗極旺赤鐵塊

色青質重化驗礦石含鐵質百分之四十分以上可用冶製鍋爐及諸鐵器異常堅實

煤礦產於杉松崗地方礦苗極佳煤礦質輕色黑烟燄輕火力强能溶鐵煉燋兼產炸礦成色極高儲量尚未澈底探勘礦區面積一萬六千二百畝產量歷年產煤四十萬斤燋炸一千五百萬斤製煉燋子一百五十萬斤

金礦產於城南松樹溝地方色澄黃質甚佳惟礦苗未見旺暢故未探採瓷土礦產於杉松岡地方黃泥河亦產色褐質柔而細緻可製缸盆諸瓷器美觀耐用杉松已開窯煉冶所製瓷缸消暢頗遠云

寒門得土礦按劉建封所著長白山江岡志略載伊於勘奉吉疆界時曾過杉松岡勘得岡產寒門得土可作洋灰輪船汽車多用之特無人試採耳

禽獸

雞禮謂翰音雄者司晨雌者産卵伏雛毛羽斑駁者曰盧華雞純黑者曰烏鷄

鴨短足蹒跚喜泳於水

鵞視鴨修偉羽翮純白鳴聲甚洪

鶴深山莽林之間灰鶴爲多高約四尺全身灰色間有純白丹頂碧喙修偉軒昂戞然長鳴聲聞數里

鴻雁大曰鴻小曰雁本境不産春來秋去輝發江濱常見之

野鴨形如家鴨而小弋之可食出没水中即詩之鳧

鷺體瘦削純白長頸修喙踆跱水邊善捉魚俗呼釣魚郎子

雉俗曰山雞岡原皆有之雄者花冠修尾文彩斑爛雌者褐色微紅亦能産卵

伏雛草間

樹鷄形如雉而小非樹不棲

鵋鶀其形似貓俗呼貓頭晝伏夜出人不常見

鵰山海經謂鷲似鷹而大高尺許英俊負力能抱犢而飛目灼灼如星爪棱棱如鋒最猛鷙百鳥畏之

烏俗呼老鴉通體純黑飛則成陣巢喜近村樹上

鵲俗呼喜鵲羽間玄素善營巢知幾

燕春來秋去銜土築巢傍人檐下小者曰越燕大者曰麻燕

雀古謂瓦雀俗呼佳雀小而可愛常居檐下

蝙蝠形如鼠四足兩翼喜夜飛庭際爾雅謂服翼

鴿性聰穎能會人意羽麗可愛常傍人棲

布穀穀雨輒鳴似催耕者詩謂鳲鳩

啄木鳥俗呼啄木冠子喙鋭長能鉤取朽木中蟲食之

百靈鳥產於林野鳴聲甚碎多納籠中養之

斑鳩灰色羽有黑紋棲林中鳴聲悽永動人

鵪鶉性好鬭產於山林之間

蘇雀即黃雀喜食蘇子故名

王乾哥喜食蕿子俗呼蕿雀產蕿之處輒有之形似鷯而削弱喙鋭尾修羽間

玄黃自春徂秋徹夜哀鳴感人鄉思頗似子規

藍大胆羽翎藍色長尾有冠不畏人故以大胆呼之

鷹一名鷙鳩目灼爪鋭猛鷙善捕多養之以獵雉兎

鷂即鸇偉於鷹而鷙亦過之俗呼鷂鷹

黄鶯一名黄鸝春時啼於樹間嬌小宜人

練鵲俗長尾練似鵲而羽斕斑尾亦長生山林中

蠟嘴雀喙黄如塗蠟故以名之

哥哥鳥鳴時自呼其名山鳥自呼名即此

牛牝曰乳牡曰犍幼曰犢壯曰㸬本境所産最大火色者修及丈高五尺四股如柱體力偉大能引千斤橙色者遜之

馬有白赭青黄各色儘有中乘本産頗小邁步即可超乘北史勿吉傳所謂三尺馬也

羊山羊棉羊各產之而不甚蕃厥以地寒故肉味不蓉然荒原茂草牧之頗易肥腯

豕俗呼猪牡曰豚牝曰彘彘孕腹垂如橐每產多至二十餘子故易蕃殖間有白毛者大金國志所謂女直多白彘也

犬俗呼狗通考女貞多良犬本產有紅靑黃白諸色軀偉如犢猙獰善趨逐紅白者較馴

驢長足大耳馴如處女人家多以挽磨與馱物

騾一作嬴以黑色者爲勝體大於馬而耳長足高而細頗馴可乘

貓性馴伏依人牀第以居軀輕善跳擲鑿空能捕鼠

虎分大虎石虎二種東南山中產之大虎長丈餘高三四尺雄黑雌黃遍體斑

斕生條紋石虎似大虎而小性綦殘暴

豹有金錢豹與土豹之分金錢豹高三四尺長五六尺體有白細花紋形似金錢故名土豹較低小毛有黑紋黃尾方喙爪牙俱犀利身輕善起縱貅前足似虎後足似熊方首長喙高四尺長七尺强而有力能噬虎豹相傳爲豹與熊配合而生者

狼形似犬而喙鋭尾直目斑毛長本境産者分二種眼眶毛白性殘狡者曰白狼毛色時變春夏純青秋黃冬白者曰土狼高如二三尺長四五尺每伺隙銜人家驢豕以去遺矢四野每有骨骸云

狼蟲形似狼而狹長色黃修至六七尺能挺立以後足行殘暴之性無與倫比

鹿大者曰麋考通志盛京吉林有麋無鹿按大者曰麋小者曰鹿今俗通以鹿

呼之本產分馬鹿花鹿二種馬鹿高大性馴花鹿較小牡皆有角椏槎如枝牝無之遍體各有斑文燦爛可觀長頸短尾形相似也

熊大者曰羆或云毛色黃白者爲羆俗以其體重毛黑目光艱澀趾履蹣跚也又以黑瞎子呼之本產馬熊最大高四五尺長六七尺重至千斤狗熊高二尺長四尺重五六百斤掌似人手能升樹夏棲林冬營穴性猛不易獵獲通志又有人熊猪熊猴熊諸稱以形擬名類非一也

野猪形似豕而體大喙長齒利孤猪重至千斤羣猪至百餘頭每至三百斤孤猪兇猛傷人不易獵得

豺足似狗瘦如柴體小而輕便性猛鷙善逐獸獸常畏其便溺著身即腐潰而斃俗呼豺狼子

麢麢類長角蒼毛似鹿捷足善走

狐分火狐草狐沙狐數種毛色不一火色雪色最佳高六七寸長尺餘毛茸茸細如呢製爲裘異常温暖

貉似狐而尾小多褐色皮毛亦極珍貴

兎新唐書渤海傳靺鞨多白兎境內所産多蒼褐之色眼明善躍俗呼跳子豢於家者毛多白色

麞鹿類無角即詩之麢體小於鹿而足較長

獾形似貉而矮體肥行鈍以皮爲褥坐之已痔

猞猁形似狐而略高毛長灰色白紋小者曰烏倫又呼猞猁猻皮毛極珍貴貂長尾鋭喙有黄黑二色長二尺高六寸通志謂貂鼠

水獺毛色紫黑長二尺高五寸水陸幷棲常在水中捕食魚類皮毛亦負貴值東南山麓河中產之

蝟似鼠而大毛如刺腳短尾長遍體刺毛張如集矢物不能犯俗呼刺蝟

山狸形如貓俗呼山貓黃毛黑紋高尺餘長二尺餘

倭貂俗呼倭刀黑毛細尾形同於狐或謂狐與貉配合而生者

灰鼠似家鼠而稍大以灰色白色者爲佳

松鼠蒼黑色通身豹文尾大如帚俗呼花鼠大者不過五寸喜食山果每跳擲樹間輕如飛鳥

黃鼠狼古謂鼬一名騷鼠尾穎可以製筆

鱗介

鯉魚本境輝發江中產之金色微紅鱗大如錢重至二三十斤

鯿花魚古謂魴扁身細鱗首尾皆小色白味美

鰲花魚古謂鱖大口闊腹略同鯿花但色黄有斑文

鯽魚形似鯉惟身小而扁味美多刺

細鱗魚圓身細鱗山溪狹流多產之喜寒水

重唇魚俗呼蟲蟲即詩之鰲淡黄色

鱣魚黄色無鱗形略似蛇

大莫哈魚通志謂達發哈巨口有齒銳喙細鱗雌者多子

黄姑魚白色鱗細長五寸許

黏魚即詩之鰋身圓無鱗喜偃體有黏液難以捉摸

鰟頭魚大頭鱗細身扁

哲綠魚又曰折立似鱸色黑味美不腥

鰷魚形狹而長鱗細而白其性浮俗呼白漂子

赤稍魚身白鱗紅俗紅鱗子

鰌魚似鱣而短甚小喜伏水底泥中俗呼泥鰍

船釘魚長二三寸紅黃有斑紋頭尾細鋭如釘故名

馬口魚口大身小腮際有紅黃斑點

鯔魚身圓無鱗青色如葉喜伏河邊柳根下俗呼柳根子

鱎魚俗呼白魚形窄腹扁細鱗頭尾向上

黑魚形圓而粗巨鱗溪泊中產之

草根魚似條魚而細色靑多生溪泊淺流草叢中

蝦蟆俗名哈什螞生山溪中四足爬跳亦棲於陸背靑腹白雌者腹紅多子冬令可食癩蝦蟆入葯曰蟾酥

蛙一名田雞似蝦蟆而大色黄生田隴中有時化爲鶉

蝲蛄蟹身魚尾溪邊石下多有之

蚌蛤生澤中外負堅殼長曰蚌圓曰蛤肉可食

螺俗呼水牛婆體柔而圓曲佈液於地以行

蝸牛爾雅謂蜞蝓俗呼水牛趺出殼外移動以行多生山中

昆蟲

蜂家豢者盛以木筒釀蜜其中曰蜜蜂野生者長而大曰馬蜂小者曰土蜂亦

能釀蜜於樹穴中

蟋蟀一名促織鳴聲瞿瞿俗呼瞿瞿在野者黄而大在宇者黑而小

螘小者色黑千百成羣大者色黄有翼能飛俗呼螞蟻

螻蛄爾雅謂之螃蛁便腹青色振股長鳴俗呼聒聒惟夏季有之

螢小蟲也腹部白紋夜間發光熠耀宵行夏秋之間籬落見之

蝴蝶形色不一靑者長裙碧帶蹁躚如美人白者黄者短袖緊袂如處女飛舞

花樹間春夏時有之

蜻蜓六足四翼喜飛水面俗曰螞伶

蠅小者曰蒼蠅大者曰靑蠅其鳴在翼聚飛如電牝者腹大生蛆蛆復化爲蠅

最穢之蟲

蝗螂長頸狹翼細足善躍俗呼刀郎

蝚蜒蜿蜒多足行處有毒

蛇產山中種類不一大者長丈許蟲如盂身青有鱗頭有紅幘曰烏稍小者四五尺身蒼碧斑駁如雉項曰野鷄脖子最毒喜於草地逐人爬行如飛

蛇師俗呼馬蛇子土色四足鑽營亂石中人不常見

螻蛄俗呼地蝲蛄能飛此地尤多秋初每入於室

蚓紅色細長無足生土中曲屈以行能吟風俗呼曲蟺

蜾蠃俗名土蜂似蜂而綠形細而長純雄無雌居窗壁穴中負螟蛉而藏嚶嚶似鳴而呼曰似我似我後即化以爲子

蚱蜢似蟪蛄而小色黄喜飛野外其聲沙沙俗呼螞蚱

蜘蛛小者曰蠨子喜居檐角能以絲織網弋取飛虫以充食物

壁錢似蜘蛛而色斑多足居壁上俗呼錢龍

蛭生水中螫人有毒俗呼馬蝗

蚊長喙如針齧人有毒肉即粟起山林之中雨後尤多

虻草根所化夏月最多酷齧牛馬至於海血俗呼瞎蠓

蜣螂黑甲蟲常於道旁推土爲丸納於土坎生子其中俗呼使客郎

綠蠲蟲多生山中杏條上吐蠲葱綠色頗堅靭俗呼山蠲

尺蠖青蟲方頭身細有節爬行樹上促其腰使首尾相就屈以求伸乃能進行

特種物產表

名稱	產地	用途	常年產量
人葠	東南山中	藥材	二百斤
貂皮	東南山中	藥材	二十張
鹿茸	東南山中	藥材	五十付
熊膽	東南山中	藥材	三十付

氣候

縣境位北緯四十三度處長白山西麓地勢高迥氣候與內地不同如按三十六氣七十二候以覘時令則刻舟求劍失之太遠斗杓東轉未見春回大火西流獨沾暑氣而天根未現風已戒寒建亥之月履霜堅氷馴至來年三月始解

則按月以計一歲之中冬令恒居其半春侵夏候夏侵秋氣駸駸成歲故占氣候必以農事爲準權用夏歷也計晷刻夏至日出寅正一刻十一分三十三秒日入戌初二刻三分二十一秒晝長十五小時零四分十八秒夜長八小時零三刻十分四十二秒冬至日出辰初三刻一分十四秒日入申正一刻十一分三十秒晝長八小時零三刻十分四十二秒夜長十五小時零四分十八秒計四時二月中至四月終爲春五六二月至七月初旬爲夏七月中旬至九月中旬爲秋九月下旬至來年二月初俱如冬令計寒暑正月在華氏寒暑表零度以下二月在二十度以下三月升至三十度四月四十五度五六兩月由五十度至八十五度七月降至六十五度八月五十度九月四十度十月二十度十一月零度十二月零度以下

沿革

考有虞部州遼以東隸於青舜分青之東北爲營州按營州自遼東薄朝鮮縣境在遼東之東朝鮮之西故於州爲營按是時息愼氏國於此竹書紀年帝舜二十五年息愼來貢弓矢故於國爲息愼及周武王時肅愼貢楛矢按周之肅愼即虞之息愼故在周於國爲肅愼又曰稷愼則重譯欸塞首之轉也漢武帝拓置三郡於挹婁東北據文獻通考謂挹婁即古之肅愼通典謂挹婁在不咸山北千餘里按不咸山即長白山故在漢應屬挹婁地考魏書勿吉國在高句麗北舊肅愼國其國南有徒太山北有速末水按徒太山即長白山速末水即松花江在南北朝時應屬勿吉國地又北史勿吉一曰靺鞨按隋唐之際靺鞨分黑水粟末兩部粟末即速末轉音故隋唐之際應爲靺鞨氏地而屬粟末部

者又唐時靺鞨人大祚榮建渤海國其子大武藝奄有松花江以南之地建五京於其間按渤海五京之中京顯德府在今輝發江下游故在唐於國屬渤海而轄於中京顯德府者宋屬女眞遼避興宗諱改稱女直故在遼屬女直地金爲上京會寧府元屬海蘭府又曰曷懶音不同也考海國志明扈倫國之輝發部在輝發河濱故在明爲扈倫國之輝發部落明季又置海西衛清初入版圖置鮮圍塲清季宣統元年設治置輝南直隸廳建築廨宇七十一間廳内分設吏禮戶工刑兵六房每房設經丞一人貼書無定額因事繁簡而增去之宣統三年變通吏治裁撤六房置行政司法會計統計四科民國二年改廳爲縣署内改設總務科一分股二處四曰行政股曰會計股曰收發處曰文卷處曰徵糧處曰稅契處設科長一科員一僱員四取消司法科設審檢所置幫審員一

專理辭訟是冬裁撤民國三年官制改組更爲第一第二第三等三科第一科司總務第二科司財政第三科司司法第一科置科長一科員一僱員四第二科置科員一僱員三第三科科長以承審充之僱員三檢驗吏一至今仍沿是制無所變更

縣大事年表 附

年	月	事由
民國元年	四	度支司發縣核減二年預算行政經費册
	七	籌辦國民捐歀呈解都督
	八	奉民政司令出示曉諭禁止銀糧買空賣空
	八	具報農業調查表呈勸業道
	八	境內大雪爲災
	九	呈領車牌執照
	十一	開徵錢糧
二	五	教育會議覆贊承內務部祀天配孔典禮

	五	填報農林統計表
	十	奉都督令造送縣署支出國家稅決算冊
	十一	奉令填造工商各表
三	二	奉令停辦各級自治會及收捐事務所
	二	省農會函發農會暫行章程
	二	送金鐵燋炸磁器各礦赴巴拿馬賽會
	三	國稅廳訓委員赴縣調查稅收
	三	呈送省署本縣輿圖志書各一份
	四	海龍稅捐局函知行使斗秤領帖納稅
	五	高家岡預警王所長在柳河界內槍斃匪首李海樓

	五	選送警所書記長安魁入安東牛疫傳習所肄業
	五	奉省令佈告嚴禁種烟
	七	奉國稅廳令助同辦理牲畜稅
	七	奉令宣佈剪髮規則六項嚴行勸道薙辮
	七	縣境各處水災淹沒田畝廬梁甚鉅
	八	奉道署令勸募廣東水災欵賑
	九	巡按使批飭土築城垣被水冲倒酌量嫌疑微輕各犯工作修補
	十二	財政廳令掌司公欵人員徵繳保證金條例細則
	十二	呈准設立管木料公所及木料柈收捐辦法細則
四	二	知事鄭步蟾因公晉省署內事務由科長姜思愼代行

	四	警長任述言調省遺缺以竇璿接充
	四	填造本縣地理表報告巡按使
	四	選送保董赴省講習
	五	詳請巡按使爲警察官巡購自來得槍及子彈
	六	財政廳梁能堅到縣查催田賦驗契
	六	知事鄭步蟾請假二十日回籍營葬政務由科長張兆駿代行
	八	警長竇璿因病辭職仍以任述言代理
	九	巡按使飭發警察現狀調查表
	十	巡防游擊隊帮統劉存智到境勦匪
	十	選送紳士董毓秀充解决國體代表赴省與國民代表大會

月	日	事
	十二	巡按使電袁世凱稱帝改元洪憲元年
五	一	孤頂子社首趙錫俊稟請設立屯基
	一	樓街社首朱孔揚稟控稅卡孫司事違章苛斂
	四	發警察所警察單行章程
	四	佈告禁浮厝棺柩以重公衆衛生
	五	財政廳委員鄭士純到縣守提各欵
	六	奉省電袁大總統於本月六日因病薨逝
	六	收捐事務所呈縣銷燬該所所出紙幣四千元
	八	省議員孫煥章赴省與第一屆省議會務
	十	呈財政廳於十一月一日開徵田賦

	十一	呈送菸麻各一觔陳列東邊物產陳列舘
六	一	檢本縣舊廳志一本送呈省署
	一	奉令派兵保護鴨綠江採木公司調查員
	一	奉令將警區改編用一二三四五諸字
	三	知事趙鵬第因公晋省政務由科長張兆駿代行
	四	奉道令勸募陝西被災賑欵
	四	道令嗣後普通公文即照奉天公報所載而行不另行文
	五	佈告禁墾義地保護墳墓
	五	奉令警學及畝捐各欵收出一律改用陽曆
	五	佈告嚴禁買賣奉票以圖私利而亂金融

五	省署發給地方收捐處圖章一顆
六	奉令派兵保護財政廳調查員劉蔭祖
六	海綏聚振興及遠方各區長具報啓用圖記
六	東三省郵務管理局委孫翰文充本縣二等局局長
七	委任劉樹藩江鼎胡文烝爲行政科員
七	平安川蛟河團林子各地水災報蠲田賦十分之一
七	海保社長董玉秀呈請會議安設電話
八	省發推行中外權度比較表
九	奉令佈告靛商改用蘇秤
九	奉省令署內人員月薪五十元以上者扣一成以賑遼源水災

	十	佈告查禁早婚短喪纏足賭博
	十	奉令查禁巡警團丁照仿陸防各軍服式
	十	鹽運使署發給鹽棧牌照暫行章程
	十一	財政廳令中交兩行發行之吉黑票不准收用
	十一	省署委員廖雲龍來縣清查公欵
	十二	令警察長查禁濛江稅越省設卡
	十二	清丈局擬丈放官荒章程佈告
	十二	巡按使令許蘭洲充駐奉東流一帶勦濛匪司令
	十二	海振社首李子幹禀請墊欵無着請彌補事
七	四	勸學所長于龍辰請將游擊隊駐所賸作女學永久校舍

四	設城鄉衛生清潔會
四	將北門內公地撥作小學基金
五	佈告商民不得私設錢肆贖例罰法
六	具報歷辦清鄉事宜
七	收束保衛團事宜
八	飭警所嚴禁外人覬覦礦產
九	海甲區長于百泉辭職委劉慶和接充
九	商會改選董毓秀陳增祿當選爲正副會長
九	發生虎列刺流行疫設臨時防疫所及隔離所
十	奉令規定祀典費

八	一	委任白雲峯爲勸學所勸學員
	三	教育會議覆發揚孔教辦法轉呈省署
	三	勸學所長任滿仍由前所長于龍辰連任
	三	奉令勸募旅京會館捐欵四十元解呈省署
	五	衙神廟倒塌
	六	組織教育講習所
	七	呈解東邊道苗圃經費小洋一百元
	七	教育會改選王榮王樹聲當選爲正副會長
	八	設立教養工廠
	十	選送李應乾入省地方自治模範講習所肄業

	十	查報境內士紳題名錄
九	一	省署委員解忠良來縣調查各欵
	一	組織崇儉會
	二	教育廳委張孝友爲本縣視學
	二	王令編輯風土調查報告書
	三	省委禁烟察勘員王家槐到境
	三	奉令停辦講演會
	三	道令飭知東邊道尹何厚琦接任
	六	募捐闢署之東北隙地爲公園
	七	開設南門及修水洞

	七	妓肉各捐改歸衛生公所查收
	八	張視學調省另委劉維翰接充
	九	省署頒給大總統相片一份
	十一	委任王毓琛爲高等小學校長
	十二	籌辦木廠捐及青戶捐木捐值百抽五青戶捐每名大洋一元
十	一	教育會改選白雲峯當選爲會長
	一	奉省署頒發地方公欵事務章程
	三	勸學員白雲峯加委連任
	三	農會會員沈緒廷建議於城關設立集市
	四	道令飭知王順存接任東邊道尹

	十	令警所查報戶籍直民萬餘人魯民二萬餘人
十一	一	派員赴省請領子彈
	一	警察教練所學警畢業
	一	議報區村費由地畝攤欵辦法
	一	添設勦匪員撥得力警甲二百名以歸統御
	一	與蒙江磐石實行聯防
	二	頒發保甲所鈐記
	二	頒發區村制試行規則
	二	選送職業學校教員送省傳習
	三	委任張廣慶爲教養工廠廠長

	三	呈准設立女學
	四	籌欵四千元修輝濛間道路
	四	委任陳虎候爲木瓣捐委員
	五	委任何振武充本署科長
	五	東邊道林務督察員到境勘查林務
	八	具報實業廳農業狀況表
	八	委任楊舒辰辦理清賦
	十	令警所保護輝柳林區駐在所臨時分卡
十二	二	爲老人院國長募養老金
	三	銷燬舊式區長圖記

	三	試行區村制
	三	在公園舉行植樹典禮
	四	整頓倉穀
	四	孫連仲接充師範講習所長
	四	各區公所成立
	五	三區住戶范景全之妻一胎生三子
	五	頒發村長圖章
	五	清理學田
	五	續辦教養工廠
	六	股匪小白龍等破樓街鎮

六	英人楊廷珖到境遊歷
七	修治縣鄉各道
七	蕭鐘英接充縣視學
八	調查印花委員到縣
八	境内水災
八	教育所長改委高慶庸
十	派員調查區村
十一	師範講習科學生畢業
十一	教育所長高慶庸辭職事務員白雲峯代理
十二	公欵處主任于龍辰接充

	十二	停辦區村制
十三	一	恢復鄉社編訂規則
	一	繳銷區長村長各圖記
	一	委任八社社長頒發圖章
	三	股匪白龍等在大肚川受降由陸軍收撫
	四	士人陳虎侯等創辦白話日報
	四	選送鄉老赴省與會
	五	警甲駐所劃定同一區域
	七	呈准以師講經費改組初級中學
	七	奉實業廳令調查礦冶名詞

	八	白純義接任縣知事
	八	境內旱災
	九	籌編臨時游擊隊
	九	令警甲保護僑民
	十	戒嚴辦公分處成立
十四	一	成立電報局
	一	整頓倉穀
	一	解除戒嚴
	二	考試醫生
	二	整頓警甲兵額

	二	縣視學徐彬接充
	三	白知事因公晉省署內政務由科長李碩夫代行
	三	教育所長白雪峯病故陳萬青接充
	三	考核警官
	四	查建倉廒
	四	移儲蓄分會來輝貸款以濟民食而維春耕
	四	恢復區村制
	五	嚴禁纏足勸導薙髮
	五	教育會開全境體育會
	五	勸募奉海路股欵

六	選送官費留東學生孫連仲一名以獎掖士子
六	警察教練所開學
七	劉得祿接充中學校長
七	四區雹災
八	募欵千元修築監獄圍墻
八	籌備教員加薪辦法
九	一區成立鄉團
九	修治街市道路並栽植樹株
十	組織臨時鄉團
十	整頓苗圃

	十	調查會產
	十一	徵調民夫
	十一	修築縣署圍墻及礮臺
	十一	奉令戒嚴
	十二	任意軍匪衆七百餘人在縣境受撫
	十二	調查白契
	十二	山林警察改編爲二大隊
十五	一	派員調查區村
	一	籌辦師範講習科以儲師資
	一	教育會改選李璽玉劉得祿當選爲正副會長

	二	教育會遷移會址於教育公所院內
	二	請准以續募郵金作爲鄉團費用
	三	白知事下鄉視察區村教育警甲鄉團各政
	三	商會改選陳增祿連任會長
	三	縣視學孫祥麟來縣視學
	四	白知事因公晉省月內回署
	四	續辦警察教練所
	四	令各區保護種樹及已修道路
	五	初級中學校長劉得祿兼充師講校長
	五	勸募新民賑災欵

六	裁留少數鄉團
六	成立縣志編查館
六	縣署科長李碩夫任職三年有成績請准高等文官升用
七	警察所長任述言辭職黃之純接充
七	農會改選張廣慶當選聯任會長
八	改組警甲歸一所長統轄曰警甲所
八	學費改收大洋爲教員增薪
九	教育所以教育日進請添事務員一名以孫兆馨充任
九	平抑物價
九	整頓契稅

十　警察組織搜查隊
十　請設圖書館
十　委員籌辦市政
十　選送警察區官股員赴省講習
十　成立全縣聯莊會辦事處
十一　令各區抽編聯莊會並舉練長

政績

輝南設治以來循良繼踵美政備施如薛任之設治聿始築城建署闢地招民與物以仁執法維嚴啓屯蒙而見文明輯流離而懷威惠奉調之日父老攀轅王輯五任之勤求民瘼謀守望而行歸併屯堡之策利交通而開濛江孔道旰夕靡暇巨細俱舉敷政優游民用說服白任之勵精圖治事必躬親籌貸欵以舒旱災而民食濟寢檢舉以全薄田而民産保曾況瘁之弗辭惟治安之是措整頓司法而榮膺獎章惠逮細民而頌德銘碑他如徐趙與費及王寄青各任亦各有遺惠在民去思未泯咸有兒童竹馬重迓細侯之願守令之賢地方之福也兹將各任政績大綱與夫民衆愛戴之誠憲司賞賚之榮列表於下

政績表附

年月	某任	頌揚褒獎品	頌揚褒獎者
宣統二年	薛德履	竹馬歡迎匾額	商民全體
		化洽邊氓匾額	商務分會
民國二年	徐星朗	清廉嚴正匾額	商民全體
民國五年	鄭步蟾	公正清廉匾額	商民全體
民國七年	趙鵬第	澤被邊氓匾額	輝遠社
		甘棠遺愛匾額	輝振社
		公正廉明匾額	全縣紳民
民國十年	王瑞之	勤正愛民匾額	商務分會

		政著三異額匾	杉松崗商會
		除莠安良匾額	全縣農民
民國十一年	費光國	學道愛人匾額	全縣紳民
民國十三年	王杼	弊絶風清匾額	全縣紳民
民國十五年	白純義	痌瘝在抱匾額	第一區紳民
		司法部二等金質獎章	司法部
民國十六年		德政碑	全境各界

教育

教育行政

教育公所設縣城二道街清季宣統二年創設初在縣立兩等小學校院內稱

勸學所置勸學總董一勸學員一書記一三年三月遵照部章改總董爲勸學員長民國元年改勸學所爲教育公所改勸學員長爲教育所長勸學員改稱事務員五年五月仍復勸學所原名改稱勸學所長事務員改稱勸學員十一年二月在頭道街賃用民房十二年五月復改勸學所爲教育公所所長名稱仍舊勸學員改稱事務員十三年七月建築房間於文廟前方乃有固定所址十五年七月遵令添事務員一書記一計常年經費大洋四千九百九十五元縣視學輝南以學校數少之故視學未設專員由柳河視學兼任之曰輝柳視學每學期由柳赴輝視查一次駐教育公所考核城鄉各校成績教員優劣各有考語造爲表册具改良意見書分呈縣公署教育廳請飭施行於教員之殿最褒貶而策勵之除隱幽明意至善也

輝南縣教育公所繪

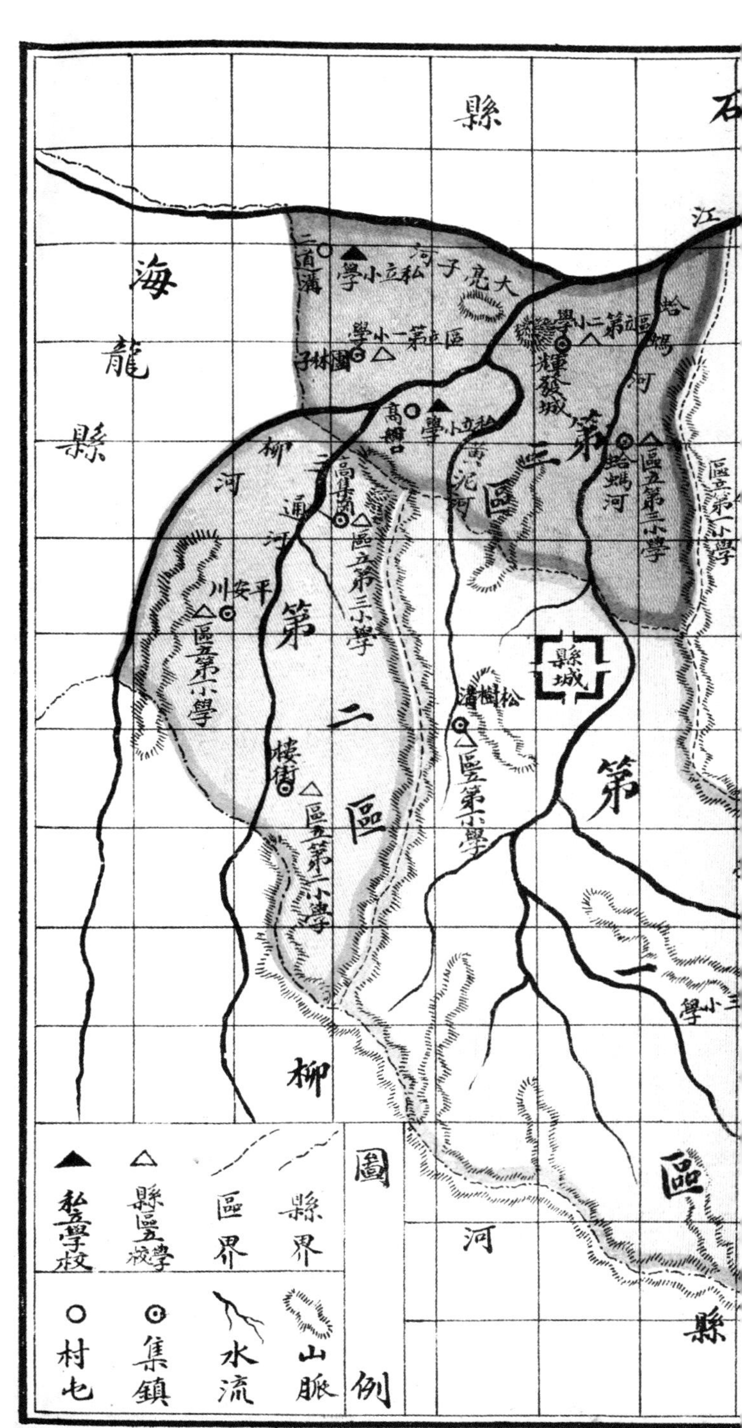
縣
海龍縣
第二區
第三區
縣城
柳河
圖例
縣界
區界
縣立學校
私立學校
山脈
水流
集鎮
村屯

教育法團

教育會於民國四年成立附教育公所正副會長各一人全體會員五十人分家庭社會學校三部各部幹事一人評議庶務文牘各員均由會員選之分擔會務由會長總其大成歷年寒暑兩假期中開通常會一次以資整頓教育覃研教學改善方法期臻進步六年冬王榮會長組織全境體育會到會十一校體育運動實開先河十一年冬白雲峰會長與海龍力爭學田擴充教育經費十三年春張萬會長購置學田六十畝以拓教育基本資產十五年夏李璽玉會長組織全境學生體育會及觀摩會到會十有四校莘莘學子日蹟發揚教育進步胥賴是矣

學校教育

輝南縣全境學校一覽表

校別	地址	成立年月	校員	學級	人數	經費
縣立初級中學校	縣署東	民國十三年三月	二人	一級	三十一人	大洋二千六百六十三元
縣立師範講習科	縣署東	民國十五年三月	三人	一級	三十三人	大洋三千一百一十元
縣立第一小學校	縣署東	宣統二年八月	十一人	七級	二百五十八人	大洋四千六百六十四元
縣立第二小學校	縣城二道街	民國二年五月	四人	三級	一百三十人	大洋一千七百三十八元
縣立第三小學校	縣城南門外	民國八年四月	一人	一級	五十二人	大洋三百九十六元
縣立第四小學校	縣城四道街	民國十三年三月	四人	三級	一百二十二人	大洋一千四百五十二元
第一區立第一小學校	大肚川	民國七年四月	六人	四級	一百二十五人	大洋二千五百七十四元
第一區立第二小學校	松樹溝	民國九年八月	一人	一級	三十八人	大洋三百九十六元

第一區立第三小學校	大肚川	民國十三年三月	一人	一級	五十三人	大洋三百九十六元
第一區立第四小學校	下集塲	民國十四年八月	一人	一級	三十四人	六洋三百九十六元
第二區立第一小學校	平安川	光緒三十三年四月	四人	三級	一百零八人	大洋一千四百五十二元
第二區立第二小學校	樓街	光緒三十二年七月	二人	二級	七十五人	大洋七百四十八元
第二區立第三小學校	高集岡	民國十四年三月	一人	一級	三十八人	大洋三百九十六元
第三區立第一小學校	團林子	光緒三十三年三月	一人	一級	四十五人	大洋三百九十六元
第三區立第二小學校	輝發城	光緒三十四年二月	二人	二級	八十三人	大洋七百四十八元
第三區立第三小學校	蛤螞河	民國十四年八月	一人	一級	四十二人	大洋三百九十六元
第四區立第一小學校	中央堡	光緒三十四年七月	四人	三級	一百二十六人	大洋一千四百五十二元
第四區立第二小學校	托佛別	宣統二年七月	一人	一級	四十三人	大洋三百九十六元

第四區立第三小學校	大場園	宣統二年七月	二人	二級	八十四人	大洋七百四十八元
第四區立第四小學校	興隆堡	民國十四年八月	一人	一級	四十五人	大洋三百九十六元
縣城私立第一小學校	東門外	民國九年三月	一人	一級	二十一人	由學生擔負
縣城私立第二小學校	北門外	民國十年十月	一人	一級	三十人	由學生擔負
第一區私立第一小學校	撫民屯	民國九年十月	一人	一級	二十二人	由學生擔負
第三區私立第一小學校	二道溝	民國九年三月	一人	一級	二十八人	由學生擔負
第三區私立第二小學校	高家船口	民國十一年十月	一人	一級	二十六人	由學生擔負
第四區私立第一小學校	中央堡	民國十年三月	二人	二級	七十三人	由學生擔負
第四區私立第二小學校	蛟河	民國十五年四月	一人	一級	二十七人	由學生擔負

以上縣立初級中學一處縣立師範講習科一處縣立小學四處區立小

學十四處私立小學七處共二十七處學生四十八級一千七百九十三人常年經費大洋一萬九千九百一十三元

留學

留學一事京有教部者省教廳均有主管之科是留學亦爲教育行政之一種我輝設治未久風氣蔽塞向乏留學之士自十三年大令白公涖任屢次提倡呈請考送官費留學生均以改爲獎勵辦法不能再送官費駁之嗣經農會長與四區長四十四村長聯名呈請甘願由地方村會担任學費請縣署考送以期有潛移默化之功而收觀感奮興之効經縣再四呈商教育廳始蒙核准遂榜示招考而報名者寥寥幸有孫連仲者曾充師中校長考試尙屬合格當即送由教廳轉送日本留學先在預備學校學習日語文及各科課程去年考入

東京高工電氣科肄業亦可見教育前途之一班矣

社會教育

講演會設縣署西十字街民國三年成立講員一名常川講演經費年支四百元民國八年停辦

簡易識字學校民國六年成立附設講演會內教員由講員兼任每夜授課二時以教貧家子弟及年長失學者六個月畢業經費年支一百元

平民學校創自民國十三年附設農會教員一名學生一級一年畢業以教貧家子弟無力就學者經費三百元逾年停辦

輝南日報民國十三年夏邑人陳虎侯鑒於輝邑交通不便民智未開爲溝通知識靈便消息起見組織輝南日報社附於縣農會每日發刊報紙一幅轉載

世界國內省內各新聞及地方行政新聞使民衆得啓聞見之機乃未能持久秋來停辦爲可惜耳

學田

考輝南學田其來源可分三種一係由設治之初劃劈海龍土地經輝南教育界與海龍交涉展轉數年始克解决僅劈來學田地變價洋兩千九百元於民國十一年置買孤頂子二十四畝又大陽地十八畝一係驅逐朝陽宫不守清歸道人沒收原地二十畝及清賦照十一畝共三十一畝一係李延春施捨學田十畝原由海龍劈來學田欵項置買學田係教育會經理而沒收朝陽宫之地係在該處村會掌管嗣於十四年奉教育廳令始由教育會及三間房廠村會收歸縣署公欵處管理現在連續報清賦共一百四十八畝每年可收三色

糧租五十石在民國十五年變價二千三百五十六元之譜

科舉附

本縣設治適逢停科前此學額隸於海龍故青衿人士皆自海龍劃來入籍而非輝南原科也附識其姓名與夫中式之科以見此邦人物之淵源也

貢生

范學淹字韶譜科未詳

增生

馬殿甲字奎乙光緒乙未科

附生

于龍辰字雲青光緒甲辰科

陳虎侯字舜卿光緒甲辰科

趙亨豫字樂軒科未詳

劉順則字青樸科未詳

孝廉方正

于龍辰宣統元年保舉

警察保甲

輝南縣警甲所駐縣署東院統設所長一人股員三人書記長一人書記四人

督練員一人所內分設行政司法總務三股警察全境劃五區置二十七分駐

所兩派駐所設區官五巡官二十七游擊隊三隊山林警察隊六隊偵緝隊一

隊衛生隊一隊警士計共六百五十三人保甲全境劃四區置馬隊一隊設區

隊長四隊長一甲丁共計一百五十人警甲官巡士丁合計九百十五人每月經費一萬六千八百二十八元溯輝邑警察於宣統元年設治草創就舊有鄉團編爲巡警設區官十一人二年改編設區官二人巡官十人民國二年奉文將巡警改編警察劃全境爲五區置五分駐所保甲初名預備巡警民國二年創辦三年改編保衛團七年改編保甲十一年成立保甲事務所駐縣城北門內劃全境爲四區甲長駐所十處後改總甲長爲區保長十五年八月奉令警甲改組幷歸警甲所長統轄茲將各區巡各隊各區隊駐所列表如下

警察

類別	駐所	官長	巡記	長警
一區	縣城	一	一	三十

二區	大肚川	一	一	十五
三區	平安川	一	一	十五
四區	輝發城	一	一	十五
五區	大場園	一	一	十五
總隊	縣城	二	一	三十
馬隊	縣城	二	一	二十七
游擊隊	縣城	二	一	三十
衛生隊	縣城			十
偵緝隊	警甲所	一		九
一區一分所	縣城南關	一	一	十

二區一分所	大陽	一	一	十
二區二分所	四平街	一	一	十
二區三分所	下集場	一	一	十
二區四分所	孤頂子	一	一	十
二區五分所	流水溝	一	一	十
二區六分所	榆樹岔	一	一	十
二區派出所	鋪板石			六
三區一分所	孟家街	一	一	十
三區二分所	高集崗	一	一	十
三區三分所	松樹溝	一	一	十

三區四分所	杉松崗	一	一	十
三區五分所	胡迷山	一	一	十
三區六分所	三間房廠	一	一	十
四區一分所	二道溝	一	一	十五
四區二分所	團林子	一	一	十
四區三分所	高船口	一	一	十
四區四分所	黃泥河	一	一	十
四區五分所	玉泉溝	一	一	十
四區六分所	亮子河	一	一	十
四區七分所	蛤螞河	一	一	十

五區一分所	中央堡	一	一	十五
五區二分所	托佛別	一	一	十五
五區三分所	蛟河	一	一	十
五區四分所	腰嶺子	一	一	十
五區五分所	大北岔	一	一	十
五區六分所	二岔	一	一	十
五區七分所	四岔	一	一	十
五區派出所		一		五
山林警察一隊	大肚川	二	一	三十
山林警察二隊	楡樹岔	一	一	十九

山林警察三隊	鋪板石三岔	二	二	四十
山林警察四隊	四岔	一	一	二十一
山林警察五隊	二岔	一	一	二十一
山林警察六隊	大北岔	一	一	三十

保甲

隊別	駐所	官巡	巡記	長丁
馬隊	縣城	一	一	三十
第一區隊	西鞍子河	一	一	三十
第二區隊	樓街	一	一	三十
第三區隊	蛤蟆河	一	一	三十
第四區隊	興隆堡	一	一	三十

警察改組

民國十六年編制預算之際監督白公鑒於警察區域廣袤行政多不便利且因夏防將各分所歸併以期化散爲整以禦大股悍匪今者遣回原防則兵力太單仍前合併則又乏統系始悉心規畫全境八區二十七分所并增編游擊兩隊林警一隊保甲區仍舊茲列表以明之

林警緣起

山林警察名義在警察學上謂之林區警察以保護林區公安爲目的此係專收林木捐爲的欵故亦以山林警察名其職務專任防勦特別重要以考輝南山林警察係王理堂觀察視察東邊時鑒於輝南匪患重而警額少始提倡地方收林木捐爲添募警察的欵故定名爲山林警察蓋原來警察區域均設有區所遂分四隊駐於東偏各溝岔以防吉匪竄入今者捐欵暢收匪患如故始擴充爲七隊專司游擊官長警士皆爲輝南健兒每役多有軒獲民十以還奉直奉豫奉晉屢次搆兵所有陸軍均調前方地方空虛大股匪徒累次蠭起輝南所藉以保障者惟恃此山林警察隊耳

敎練

警察知識欲求普及非有警察教育機關難收美滿之效果輝南自民國五年省令各縣一律設立警察教練分所之際即將警察教育經費規定地方預算每年奉大洋五百元因經費不充以致屢辦屢停自民國六年至十二年若按六個月爲畢業計算應教練十四班乃僅畢業四班甚至畢業後因匪患調遣防勦竟致未發証書而各學警已風流雲散且每逢開課教練一般學警多未受國民教育一經聚集勢必滋生事端以致當局灰心又經停辦迨十四年春監督白公鑒于一般警士多半缺乏常識遂令任所長由警察各區隊抽調識字警士四十名來城設所教練其不足額數以保甲充之仍以經費不足僅辦夏令六個月而冬季輟焉翌年又於四月間開學及十月間畢業當局特爲函聘旅輝北京大學法政各科畢業者爲講師並抽暇躬往講演其注重警察教

育由此可見一班矣迨十五年黃所長接事後至今仍在停止中云

區村

輝南設治係由海龍劃分八社曰海振海興海保海甲海綏海聚海遠海方等名各置社長以經理鄉村事務當以締造聿始從俗就慣因而未改至民國十二年春省令試行區村制以樹民衆自治基礎遂將八社劃爲四區社長制廢更選區長以專責成嗣以地方文化屯蒙之故區長問題人選維艱且發生不法情事與自治精神殊覺悖謬王杆知事呈請省憲停辦區村仍復社制遂將八社改稱輝振輝興輝保輝甲輝綏輝聚輝遠輝方以資正名各組設公所以社長持務十四年五月白知事呈請恢復區村以資佐理遂斟酌地畝戶口衆寡之數兼就習慣劃爲四區以輝綏輝甲兩社爲一區輝聚輝遠輝方三社爲

第二區輝振輝興二社爲第三區輝保社爲第四區捒委區長四人各設區公所各置助理員一人民衆自治中興就軌此輝邑開闢以來社區變更之略也茲將各區公所及村屯列表如下

區公所

區別	公所地址	四至 南	北	東	西
一區	大肚川	鋪板石	雙橋子	四平街	鞍子河
二區	平安川	杉松崗	龍安堡	太平莊	德盛屯
三區	團林子	前安堡	盪石河	蛤螞河	太和屯
四區	中央堡	四岔	托佛別	大北岔	中央堡

村屯表

區別	村別	村名	距區里數	距縣里數	附屬小村
第一區	第一村	大肚川	區公所駐在	四十五	
	第二村	鋪板石	二十五	七十	
	第三村	東鞍子河	十	四十五	
	第四村	西鞍子河	十五	三十五	
	第五村	大北岔	三	四十二	
	第六村	流水溝	十五	四十	
	第七村	小北岔	十五	二十	
	第八村	四平街	十二	五十	

	第九村	大筒子溝	三十	十五
	第十村	三間房廠	四十	二十
	第十一村	松樹溝	五十	十二
	第十二村	石柵溝	五十	十五
	第十三村	雙橋子	六十	十五
第二區	第一村	永興堡	十二	四十
	第二村	大生堡	六	三十五
	第三村	德盛堡	三	三十五
	第四村	永安堡	區公所駐在	三十五
	第五村	龍安堡	十	四十

					第三區				
第六村	第七村	第八村	第九村	第十村	第一村	第二村	第三村	第四村	第五村
高集崗	務本屯	福來屯	樓街	杉松崗	育民屯	睦鄰屯	東盛屯	三合屯	濤和屯
十五	五	二十	十五	三十	二十	十	五	十	十五
二十五	三十	三十	三十五	三十五	四十	三十五	三十五	四十	三十
					頭道溝 二道溝 三道溝 四道溝	六合屯 太和屯 新立屯 劉家屯 和鄉屯	太平莊 德順堡 東興屯	大太平溝 小太平溝 魏家林 碣石河	保安屯 朝陽坡 集安屯 窪山屯 忠厚屯 興安屯

	第六村	秦家堡	五	二十八	輝發城 北崴子 萬發屯 前安堡 紅窰屯 長發屯
	第七村	東崗村	七	二十五	太平莊 高家屯 葉家屯 王家屯
	第八村	長春堡	十三	二十	八人泡 長山堡 順山屯 長安屯 東山屯
	第九村	包家屯	十八	二十	仁義屯 李家屯 保安屯 阮家屯 么家屯 王家屯
	第十村	集賢堡	十	二十	太平溝 玉泉溝 玉川溝 葦塘溝 張相屯 角子溝
第四區	第一村	四岔	五十	五十五	三岔 大磨石溝
	第二村	二岔	五十	五十	小磨石溝
	第三村	大北岔	五十	五十	
	第四村	興隆堡	四十	四十五	西南岔 金廠溝
	第五村	大塲園	三十	三十五	小北岔

第六村	小灣溝	三十	三十	大青溝 小青溝	
第七村	長碾溝	二十	二十	大灣溝	
第八村	東甸子	十五	二十五	大吊鹿溝 小吊鹿溝	
第九村	中央堡	區公所	二十五	樺樹川 獐子屯	
第十村	蛟河口	十五	三十五	太平溝	
第十一村	托佛別	二十	四十五	興隆溝 柳毛溝 大城場 小城場	

村會

輝南全境雖劃爲四區四十四村寔際村會辦事不過十餘處蓋或三村一會或五村一會一則沿於舊日排界之習慣一則沿於地方攤欵之關係現在雖有一二村會分出獨立辦事仍不如合併村會之資力較厚也將來自治發展

或可因此多組成爲合議制區亦未敢斷定

市政

輝南試辦區村之際竟將縣城劃歸一區管轄不惟無市政之可言且亦無市區之規劃迨區村停辦而又恢復縣署呈送全境區村圖始遵省頒圖例將縣城劃爲市區先委市街街長董毓秀不過爲城内典賣田房公證人耳斯爲市政孕育時代及民國十五年始有市政籌備處之設委市政籌備員與市政文牘員王保民邢英荃二員尚乏經費的欵翌年遂規定預算仿照區公所之開支市政籌備處始成立辦事籌辦員爲栗青圃首先規劃市場於商會東空閑地址與南門外戲園左近兩處次則倡辦公共衛生禁止浮厝棺槻修理城市道路栽種路旁樹株已漸有市政之雛形矣將來輝市發達正未可量未始非

造因於今日也

團練

團練即古守望相助之遺意以民力之集合加軍事之訓練有警則戎衣自衛無事則環堵相安法至良意至美也輝南設治以來人雜地僻盜賊起沒無常然以警甲力厚防軍夾輔地方治安幸足保重團練之舉尚無須也自民國十三秋奉直交綏防軍調遣軍力空虛盜賊邊患所在堪虞於是省令各縣自衛而有鄉團之組織繼有商團之編制保境安民所關最重故爲述之

輝南縣臨時自衛團民國十三年九月成立全境共編制自衛隊八百名每社由散在甲丁抽編一百人爲一大隊共分五分隊分駐各村每一大隊以隊長統帶之每一分隊以分隊長統帶之均由正副指揮調遣以警察所長爲正指

揮保甲所長爲副指揮以農會會長爲總團董各社社長爲團董縣知事爲總監督訂定簡章呈報省憲十月奉令改編鄉團限定丁額大縣五千小縣二千按照八社每八戶出一丁共爲一千二百名加原有臨時自衛團八百名適敷額數官民合作堵擊梭巡地方治安頗資維持明年春裁撤

輝南縣商團民國十三年九月成立由商會出資招募團勇三十名由警察所代爲管帶歸縣署監理設隊長一名以商會會長爲總董純爲保衛商家護守城池而設同時訂定簡章報省備案其後防軍來去靡常警甲不時出發城市治安須資臂助於是逐漸添募至六十名十五年十二月裁撤

自民國十三年成立多數鄉團之後每年必有成立鄉團之事雖鄉團自衛團連庄會名目不一招募之數目亦多寡不等第十四五六等年或於夏防期間

或於冬防期間或因軍事動移奉省令組織或因股匪嘯聚由地方發起無歲無之以致由警甲去職之官長士丁多爲鄉團募集藉爲勦捕之熟手是斯邑因爲匪患最重之區始治成長於緝捕之士他年交通便利匪患肅淸如有需要緝捕才能之縣尙須藉助於輝南也

勦防 附

輝境毗圍荒隣吉省林箐邃窵流氓龐雜俯仰失意挺而走險時爲隱患然自設治以來羣盜如毛未有如任意均之暴者時當白監督下車伊始籌制軍隊保民護縣諸賴露覆雖地方令牧職在守土然而鎖北門則資寇準治渤海以見龔遂亦地方治忽之所繫矣故爲述之初民國十三年九月徐鴻泰匪首合衆七百人稱任意均竄集縣境大北岔二岔一帶地方窺伺縣城地方兵力單

薄一髮千鈞勢頗危殆白公調集西北路警甲護守城池并飭保甲王所長會同警察耿隊官率兵二百前往堵擊以攖其鋒先是公以縣境警甲零星散在無濟急需故將警甲化散爲整編爲四大支隊無事則扼要防堵有事則調集進勦至是而指臂靈便鄉團商團復次第成立兵力一振賊勢稍奪二十一日復派警察隊與王耿攻守并進賊乃知懼於二十六日夜間由縣南鄙繞徑西竄公更令韓隊官鄒區官率兵在二岔屯防截其歸路詰旦而賊入朝陽鎮於是晨令王耿馳往援救巷戰二時之久賊始退是時賊復移動公乃調鄒韓二警官扼堵大陽二十八日拂曉賊衆至迎擊歷三時之久賊向大灘平敗竄以去而縣境得以無恙是年冬十月任意均股匪復由樺甸竄來前股馬匪四百人已至縣境大北岔公即調西北路兵護城復調山林游擊各隊集中東南兩

路大肚川興隆堡大場園三要鎮防堵相機迎擊並電柳河陳總指揮海龍竇知事約備合力痛勦翌日柳河派來聯防隊百名駐杉松崗海龍派來聯防隊百名駐朝陽鎮繼有磐石陸軍李營長率兵到輝是時會海柳軍警調三鎮戍兵合力痛勦詎翌晨諸隊甫集匪見佈防周密已退向濛江既而復竄大北岔公令警察任所長馳往與駐大北岔之游擊隊合勦翌晨與勦匪來輝之吉軍桑營長約警甲出南路由三岔進勦桑軍出北路由二岔進勦賊衆腹背受敵乃折而北與營軍遇警甲返而夾攻賊敗而東竄松花江上耿隊官追至濛江二百餘里兵步賊騎遲速懸殊未克追及直至受降方告安謐然而數被窺伺而得保全者亦勦防之有力也

輝境東毗濛江界以龍崗山深林茂盜賊依爲淵藪來去飄忽出沒無常守土

者防衛得當始足以保治安而勦匪者襲擊中要乃足以制凶鋒也民國十三年夏任意均匪衆號千人越崗西下直撲興隆堡保甲所長王毓璋奉令堵擊駐輝陸軍營長錢忠山聞報往援與王議曰此輩跳梁久不重創之終無寧日汝與戰詐敗吾伏奇兵旁出夾擊蔑不勝矣王韙之遂令隊官陳洪發誘匪且戰且退匪以爲怯也驕甚直驅而前錢王奮臂呼衆突出左右痛擊窮追槍聲撼山岳賊大敗遺骸狼藉俘獲甚多由是披靡不振始有就撫之意云

清鄉

清鄉事項治標固賴於防勦而治本仍基于行政輝邑地處極邊匪患素重歷奉省令辦理清鄉要不過調查戶口兼查民槍取互保結發值日牌及旅行遷移牲畜各劵實行聯防會哨查拿烟賭游民考核戚友往來勸辦歸併屯堡多

係紙上談兵終乏若何效果而大股匪徒之竄境如故也民戶之通濟窩匪如故也迨十四年春監督白公鑒於清鄉爲急不可緩之圖遂屢次召集地方警甲官吏會議解釋清鄉治本原理始行逐漸施行並委任清鄉偵緝員組織臨時搜查隊並派山林隊於東南兩路要隘防守以堵外匪竄境而十四五兩年辦理匪盜與通濟窩匪案件不下二百起雖境外之大帮股匪未能肅清而境內之小帮匪徒均逐漸漫散矣惟當此時清鄉局既經裁撤各縣清鄉不啻停辦吾邑白公猶能於此若絕若續之交毅然由縣負責辦理清鄉斯亦吾奉各縣中所僅見現在清鄉總局又經恢復仍仿王理堂督辦清鄉時舊例不過外行局尚未設立耳

財政

田賦輝南上則地七百六十畝每畝徵收正賦大洋一角四分經費大洋一分四厘共收大洋一百一十七元零四分中則地十四萬七千零一十一畝六分七厘五毫每畝徵收正賦大洋一角經費大洋一分共收大洋一萬六千一百七十一元二角八分四厘二毫五絲下則地二十六萬八千七百七十三畝四分四厘每畝徵收正賦大洋六分經費大洋六厘共收大洋一萬七千七百三十九元零四分七厘零四絲清賦下則四萬九千七百一十二畝六分每畝徵收正賦大洋六分經費六厘共收大洋三千二百八十一元零三分一厘六毫沙城地二百五十畝每畝徵收正賦大洋三分經費大洋三厘共收大洋八元三角五分清賦沙城五萬一千四百一十九畝八分每畝徵收正賦大洋三分經費大洋三厘共收大洋一千六百九十六元八角五分三厘四毫街基地二

千七百三十五畝八分一厘七毫每畝徵收正賦大洋六角經費大洋六分共收大洋一千八百零五元六角三分九厘二毫二絲合計共收大洋四萬零八百一十九元一角四分五厘五毫一絲

畝捐本邑畝捐創始於宣統二年不分等則每畝年徵小洋一角由四區警察分所代收彙交收捐處專充警學經費自民國三年起以百分之十提省地方政費在百分之九十內支用民國九年奉令上則地每畝徵小洋一角中則地每畝徵小洋九分下則每徵小洋八分沙城地每畝徵小洋五分與田賦幷徵催比仍由警察代收彙交全年收小洋三萬六千八百餘元

雜捐

車牌捐起自宣特二年四套以下每牌四元三套以上每牌二元年收八千一

百九十八元

肉捐起自民國三年每猪一口五角牛一頭一元羊一隻三角除五成提省外年收七百七十二元

屠捐起自民國十年每猪一口五角牛一頭一元羊一隻三角年收一千九百八十九元

妓捐起自民國七年每妓月納二元年收八百八十元

戲捐起自民國七年每開箱納一元五角年收一百七十四元

斗捐起自民國八年每石收東錢二百文十四年奉令每石改收小洋三分年收三千三百六十三元

木瓣起自民國五年四馬以上每車一角五分三馬以下每車一角成材木料

四馬以上每車三角三馬以下每車二角年收一千七百二十四元

林警捐創自民國九年秋由木料抽收捐欵率值百抽五設捐所二處一在南關一在大塲園初用包辦法嗣請准改用投標法十四年度收入小洋二萬七千餘元除發給山林警察隊餉外有餘以補地方公欵積虧

保甲畝捐起自民國九年上則地每畝五分五厘中則地每畝四分五厘下則地每畝三分沙城地每畝一分專案呈請不分等則者每畝加收四分年收三萬五千零零三元

橋捐起自民國十二年每成載車收二角爲補助保甲的欵年收六千六百七十八元

爕炸煤係民國十六年規定捐率時呈請財廳批准每爕百斤抽一角炸百斤

抽七分煤百斤抽五分

學田組歲入五百元

以上地方雜捐十四年度合計收入十二萬三千八百八十五元及十六年則林警木辦一項包捐即可收奉大洋三十八萬九千餘元加畝捐又可收均價洋五六萬元合奉大洋五十餘萬元加一切雜捐皆按現洋徵收則預算定爲一百四十萬之收入云茲將十六年捐率表列下

會費

近年以來地方益見繁盛而庶政所興征徭所及經費不足而外勢必取挹於民以資夾輔是以民衆擔負亦較增加每村會費年終攤派動盈千百然以戶口多寡之互異富力之不同而擔負輒有難易之别故村公會會費無比例無

輝南縣地方畝雜等捐捐率表

十六年度

捐名	捐率	備考
畝捐	上則每畝一角四分六厘 中則每畝一角四分 下則每畝一角三分四厘 碱則每畝六分七厘	
車牌捐	三套以下每塊奉大洋十五元 四套以上每塊奉大洋二十元	
屠宰捐	猪口一元 牛每頭一元五角 羊隻五角	
肉捐	猪口五角 牛每頭一元五角 羊隻五角	
妓捐	每妓每月三元	
戲捐	每開箱一元	
木瓣捐	木瓣三套以下一角 四套以上一角五分 木料三套以下二角 四套以上二角五分	
林警捐	按一二奉大洋百元抽收現洋二元	
青戶捐	青戶每戶年收三元 青工每名年收一元五角	

捐名	捐率
橋捐	每縣成俩車三角
斗捐	每石三分
婚書捐	次則每份六角
煤捐	燋每百斤一角 炸每百斤七分 煤每百斤五分

説明

按表列各捐捐率除車捐外餘均按現洋核收

預算無定額不可一概言也商會會費十四年十五兩年度均在十萬元以上教育會會費年在百元以上由在會會員擔負農會會費在八百元以上由斗捐撥充二百餘元不足之數由會員募給

貨幣

輝境貨幣除省幣紙幣銅幣二種外別無他種紙幣分大洋小洋二種大洋一元當小洋十二角小洋一元當洋十角又有銅枚紙幣一元當銅幣百枚一角當銅幣十枚通行以東三省官銀號及中國銀行公濟平號所發行最多此地方貨幣之大概也

稅捐

輝南統捐徵收分局駐縣城北門內淸季宣統三年開辦稅收極薄未委專員

由縣知事兼理嗣於民國二年經國稅廳籌備飭歸海柳稅捐總局其後轉隸財政廳局內主任一人助手一人僱員一人巡差二人茲將稅收據列如下

出產糧值百徵正稅一元年收大洋二千四百零一元九角六分

出產貨值百徵正稅一元五角全年收大洋二千八百七十四元九角三分

豆稅值百徵正稅三元全年收大洋三萬一千七百二十八元三角

銷場稅值百徵正稅二元全年收大洋一萬三千零九十四元六角七分

酒稅每百斤徵正稅一元六角每班每日按四百斤計算全年收大洋九千二百一十六元

菸稅每百斤徵正稅一元六角全年收大洋五千九百一十二元八角八分

出產木稅值百徵正稅六元六角全年收大洋一萬五千七百六十九元三角

九分

銷塲木稅値百徵正稅二元全年收大洋一萬五千元

牛馬騾稅値百徵正稅五元全年收大洋六千五百九十七元七角五分

驢稅値百徵正稅二元五角全年收大洋九十八元七角

猪稅値百徵正稅二元全年收大洋八百三十三元二角

羊稅每隻徵正稅五分全年收大洋一百一十八元九角五分

菸酒公賣費每百斤徵正稅六角全年收大洋二千七百零九元一角七分

驗單費每張徵正稅一角全年收大洋三百一十元零八角

斗捐每糧一石徵正稅二分五厘全年收大洋一千四百四十八元七角一分

普通印花每萬分售一二五大洋一百元全年共收大洋一千二百元

紙菸特稅印花每萬分售奉大洋一百元自十四年十月實行共收大洋四千一百元

菸酒照稅丙種每張收二元全年收大洋九百一十四元

金銀照稅巳等每張收三十五元全年收大洋二百八十元

斗帖稅每張收二十四元全年收大洋二百四十元

秤帖稅每張收二十四元全年收大洋四十八元

牙帖稅每張收十二元全年收大洋十二元

店帖稅每張收四十八元全年收二百八十元

當帖稅每年收五十元全年收大洋二百元

公欵處附

輝南地方公欵處宣統二年成立附設勸學所山所長兼理民國二年改稱地方收捐處翌年奉令歸縣辦理遷入縣署六年仍歸地方辦理設委員一名九年奉令取銷委員改設主任一名十三年奉令改爲今名關於地方公欵由處經徵辦理之計警察經費歲支三萬零二百元教育行政費歲支一萬三千六百六十四元財務行政費歲支二千零六十四元實業行政費歲支三百一十元警察臨時費歲支二萬四千四百六十五元教育臨時費歲支三千零五十三元保甲經費歲支三萬八千六百九十六元橋捐經費歲支二千一百六十二元八角五分

選舉

輝南設治較晚戶口零星文化萌芽民衆知識較遜他縣全境合格選民不過

六千四百餘人是以雖歷屆辦理選舉而議員選出爲數寥寥按歷屆辦理選舉事宜附設選舉事務所於縣公署以知事爲初選監督以行政科長爲所長以各區村長及士紳爲調查員如期舉行之民國元年由本縣選舉區選出省議會臨時議員一名民國二年由昌圖覆選區選出第一屆省議員一名前後均孫煥章當選此後覆選區劃歸海龍初選當選人額尠而又菈異縣覆選故議員選出頗較困難雖歷四屆而正式議員僅一次選出亦地方自治問題之一憾事也

我奉省會之選舉以第四屆爲最嚴經王前省長規定選舉單行條例解釋停止地方受委任人員選舉權並考核各地方文化富力預定選民標準額數我輝縣僅預訂爲六千有奇及十六年第五屆調查選民仍如前數與海龍柳河

金川輝南四縣爲一選舉區以海龍爲覆選區此四縣僅議員二其初選當選人海龍十五柳輝各九金川四而我縣當選出議員一名爲商會長王君保民由第一屆省會孫煥章被選議員後每屆選舉皆爲海柳兩縣之忙故未選出一員斯誠爲輝南選舉之新紀元也

外交

輝南僻在一隅既非商埠又無租界異言異服之人蹤跡絕稀即偶有外人亦不過遊歷所經地方官吏自能照護外僑除韓人外僅有少數日人而已交通既阻外交事項亦無發現惟查縣城設有日警出張所本境既無附屬地又無商埠而日人竟公然設警違背約章侵越主權垂及十年之懸案所當解决者也按日警出張所設於縣城東四道街民國八年六月有日警米田卯一者聲

稱調查事件來輝將邑人龐萬春租與日人神代次之房屋改修爲日警出張所當經王知事據實交涉并派警官着伊撤去名牌該警託詞滯輝辦事暫時懸牌以免誤會一時未能取締十四年十月白知事復提起交涉展轉未得要領光陰荏苒迄已九載權利所在不可不爭即於外交問題亦有重要關繫也

司法

輝邑縣署自宣統三年變通吏治裁撤六房置司法科辦理司法事宜由縣知事兼理之民國二年取消司法科設審檢所置幫審員一人專司訟獄是年冬裁撤民國三年官制改組縣署共置三科以第三科司司法即以承審員兼科長縣知事爲司法監督下設書記員一人檢驗吏一人僱員三人法廳設縣署內東院

監獄 附

輝南縣監獄在縣署院內西偏一隅原有監房六間民國八年王知事重加修葺添築六間分作工廠炊室及女監之用并建築門墻嗣以年久頹圮縱越堪虞民國十三年冬白知事捐廉倡率募欵千元重築磚墻既高且固而累絏之徒乃無虎兕出柙之患矣

登記所 附

登記所附設縣署前院民國六年奉高等審檢廳令設所試辦所中設主任一人事務員一人書記二人分掌登記事項

電話

輝南電話總局設縣城頭道街民國七年成立基金由地畝攤籌分局二一駐

撫民屯一駐興隆堡總局局長一人文牘員一人工師一人工目一人工匠一人領班一人司機生三人內設百處交換機一全部一百二十四分綫盤一全部撫民屯分局民國十年成立領班一人司機生二人內設二十五處交換機一全部三十回保安器一全部興隆堡分局民國十五年成立司機生一人內設四孔交換機一全部縣城機關商戶設置電話共四十戶距局雙綫共長三十八里零四十五弓全境電話綫路計長四百六十八里桿數二千五百二十五株西南通樣子哨與柳河及金川二縣相接西通朝陽鎮與海龍相接北通磐石縣之黑石鎮按十四年度收入電匯費小洋三千四百五十三元長途費一千二百七十元零五角註册費六十元通告費一百五十四元九角共收欵小洋四千九百六十四元四角茲將電話分佈圖繪列於後

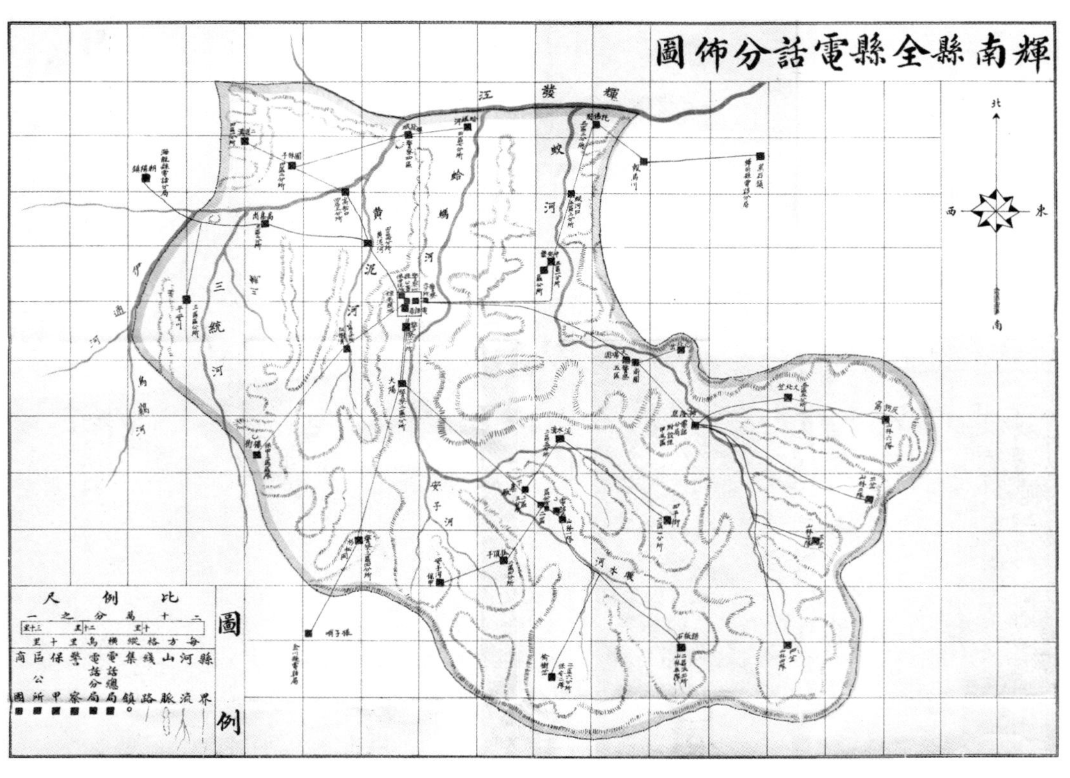
輝南縣全縣電話分佈圖
北
南
東
西
輝發江
蛟河
蛤螞河
黃泥河
三統河
安子河
比例尺
二十萬分之一
十里 二十里 三十里
每方格縱橫爲十里
圖例
縣界
河流
山脈
綫路
集鎮
電話總局
電話分局
警察
保甲
區公所
商團

電話局

電報

電報局駐縣城大街路東民國十四年春白令經畫創設初縣城幷無電報拍電須赴朝陽鎭要公輒感濡滯消息亦多沈悶十三年白令到任即呈請東三省交通委員會擬由朝陽鎭電報桿綫接用沿途借電話桿掛綫以達縣城並附長途電話爲省費也當蒙交通委員會核準令行電政監督核議辦法白令晋省與電政監督面商始飭由海龍電報局陸局長實地調查及孫家台電話局蔣局長規定預算手續備至呈請交通部核准始由縣署承認代購桿木擔任墊欵鳩工締造始底於成

郵政

輝南二等郵局設縣頭道街淸季創設始爲郵寄代辦所民國元年改組爲二

等郵局設局長一人郵務生一人信差六人郵程計四百里省城及各鄰局每日達到一次十四年度計發平信六萬一千二百三十件掛號信五千八百六十件包裹一千二百一十件郵資進欵大洋三千二百三十五元匯兑進欵大洋五百八十九元開出匯票進欵一萬六千七百九十八元縣境共轄郵寄代辦所三處一在杉松崗一在撫民屯一在中央堡

水利

輝南峯巒絡繹崗原緜亘山田最多原田次之水田最少惟輝發江沿岸頗有種稻之處地勢使然水利未興輝南水利分局駐在所駐縣城南關民國十四年夏成立內設辦事員一人河道巡查二人全年經經大洋八百元全境水田三千餘畝每畝收水利小洋八角共收三千餘元又收入木籍水利二千餘元

林政

輝柳林區第一駐在所駐縣城南關民國八年春成立隸奉天林務局管理國有及私有林區盜代損壞等弊按奉大洋八分徵收管理費初由省局派稽查沈永溥來城設立輝南分駐所總局駐柳河樣子哨幷設臨時檢木所四處一駐輝南一駐碗口溝一駐蛟河創設之初常年徵收七八千元經費一千七八百元是年十月改名奉天實業廳林區第一駐在所由正稽查常駐理事移輝南爲總駐所所長與副稽查常駐理事設僱員一名林警六名臨時六個月僱員一名林警一名各所均分佈堵卡至十四年七月關慶元接充所長由十二月至是時常年經費在三千餘元之譜臨時經費開除一千七八百元由十五年三月增加經費二成八月又增二成常年及臨時經費爲六千餘元徵收四

萬餘元云

金融

輝邑設治之初地方公欵係量入爲出市面錢法亦流通敷用及民國六年公濟商濟兩銀號成立又有實業公司均出紙幣圜法更覺流通地方需欵則向該銀號等通融貸用縣署解欵則向該銀號等兑换省幣均甚便利翌年奉令禁止私幣通用東三省官銀號紙幣則勒令公濟商濟兩銀號與實業公司及本街出銅元票之公益恆等號收還紙幣故金融反覺奇緊由此直至民國十一二年每至九十月青黄不接之時警甲學欵無出陰曆年終則零星小票缺少無已則由王輯五監督與公欵主任議刷公欵存條以資接濟警甲薪餉又由商會印發一元紙票以便兑换小帖嗣以省令嚴迫勒限逐漸收還迨至十

四年監督白公到任鑒於以上情形又兼因連年災歉春耕墊辦乏資遂商請朝陽鎭儲蓄分會遷移輝城並請總會發欵數萬來輝貸放以維春耕由此金融始日漸活動地方負債各戶亦均欣欣然有喜色惟每至陰曆十月則四外匯來之欵駐輝官銀號仍多無欵兌換及至年終亦仍有結帳找零缺乏小票之困難也

衛生

衛生之道首重清潔東西各國莫不視爲要政我國警察機關衛生設科各縣地方淸潔組會講求衛生豈容稍忽輝邑設治未久遷來民戶貧者最多個人衛生尙不知注意遑言公共衛生當民國八年警察所奉省令組織衛生淸潔會以警所股員爲淸潔會委員每月召集城內農商會議一次研究徵收衛生

捐辦法與收入衛生捐用途每商號按月收三五角不等民戶收三二角不等以每月收入作清潔夫之開支僱傭數人清潔街道斯爲公共衛生之初步迨至民國十五年編製地方預算時經白監督規定衛生隊一隊十人專辦公共衛生之事其職權與省內警廳之衛生隊同白公又鑒於城外浮厝棺櫬太多寔與衛生有碍復令警所轉飭中區布告人民凡有主棺櫬統限一月內埋葬如係無主棺櫬定由公家代爲掩埋乃言者諄諄而聽者藐藐及至一月限滿竟無遵辦者又復展限布告勒令掩埋幾經三令五申浮厝棺櫬始漸減少斯亦公共衛生稍有進步者及十六年市政籌辦處成立首先呈請布告禁止養猪出圈街市始日漸清潔云

屠宰

輝邑城內屠肉兩捐原由公欵處派員在街市向屠鋪照章徵收分別留解而大肚川鎭除十二三年係屬包收外亦委託該鎭街警察代收其他如興隆堡中央堡亦皆委託警甲試辦迨至民國十四年屠肉兩捐日漸暢旺遂設屠宰廠派員辦理並檢查病畜以裕收入而重衛生翌年又擴充大肚川改爲設廠辦理十六年又將興隆堡設廠徵收並擴充樓街杉松崗亦先由警察代爲試辦矣

消防

輝南設治之初原無消防之可言不過商會集議議定如遇火險時商會鳴鑼爲號令每商號應出二人或取送水或斷火道既乏消防隊伍之組織又無水龍機械之購置自十五年春因南關發現火災白監督始就原有商團施以消

防教育並訂定消防章程將消防隊附入商團辦事所定規則井井有條詎十六年春商團解散而消防隊亦隨之瓦解矣惜哉

教養

輝南縣教養工廠原係民國八年奉令籌辦先於縣署西空閒官地建築房屋七間落成後仍乏開辦經費於翌年奉令停辦迨十二年春王縣宰以縣境游民無收容之所又復請准設輕罪犯教養工廠附入清潔會内因無正當的欵遂呈請以收入衛生捐應僱清道夫之欵改爲看守薪餉以輕罪犯藝徒擔任清道之役繼任各當局雖有擴充工廠分科作業計畫而苦乏經費事遂中止迨至十六年編製地方預算始經白監督呈請財政廳核准每月由地方公欵開支奉大洋六百元既有的欵遂逐漸分科作業嗣於本年九月奉

大元帥頒行大赦令罪囚除應歸管束者外其餘均一律開釋工廠因之一空現在收容游民與新犯居然又成工廠矣

單行章則

土地不同風俗各異政治亦因之有特殊之點是以一國有一國之憲法一省有一省之單行章程在縣境亦何獨不然輝境處奉省極東設治未久遷來以魯民爲最多一切人情風俗與內地各縣多有不同如匪患之重淸鄉辦法自與內地有別戶口零星區村組織亦與內地互异他如訴訟則刑事多於民事村會則攤欵勝于賦捐甚至借一契而數貸買槍械以濟賊以及誘拐離婚之案累見迭出其種種特殊直有莫可思議者則情形單行章則尙焉茲擇其有關政治者錄下

輝南縣編練臨時自衛團簡章草案

第一章　總綱

第一條　本縣爲自衛計故編練臨時自衛團以補助警甲之不足故定名爲輝南縣臨時自衛團

第二條　本團純爲保境安民而設除防勦而外無論何事不得干預

第二章　區劃及編制

第三條　本縣全境共編自衛隊八百名每社由散在甲丁抽編一百人爲一大隊共分五分隊（每分隊二十八）分駐社境内各村（公房廟宇均可）

第四條　每一大隊以隊長統帶之每一隊以分隊長統帶之均歸正副總指揮官指揮調遣

第五條　本團以縣知事爲總監督警察所長爲正指揮官以保甲所長爲副指揮官以農務會長爲總團董以各社社長爲團董

第三章　責任

第六條　所有一切抽編與給養歸總團董團董責任其一切指揮調遣歸正副指揮官責任其一切管理統帶歸隊長分隊長責任各隊長以辦事勤能長於緝捕者揀充之

第四章　服裝及槍械

第七條　本團應備夾軍服與保甲服制同以示一致惟領章繡團丁二字以示區別其費用歸各社擔負

第八條　本團以民間現有槍械暫爲借用無論爲快槍洋炮火槍抬槍均可

以求捷便至應需子彈大藥應由各社備價來縣具領

第五章　職務

第九條　本團平時抽查清鄉連坐結之互保並每日梭巡互相會哨如遇有形跡可疑得詳爲盤詰倘言語支離即交就近之警甲所審訊如有確証再行送縣依法懲辦如有緊急情形則聽候調遣以資防勦

第六章　信守

第十條　凡總團董團董及正副指揮官與隊長分隊長均由縣署發給委任

第十一條　凡總隊分隊均由縣署製發條戳以資信守

第七章　懲獎

第十二條　凡本團人員如有左列情事之一者得由團董核明呈請縣署核

辦以資鼓勵

一措置有方遇事能認眞辦理者（記功）

二緝獲賊盜勤捕得力者（酌賞）

三因捕拿盜匪傷亡者（給卹）

第十三條　如有傷亡團丁隊長應按保甲甲丁甲長保長堦級給卹受傷者亦應給以養金費此欵應由社會攤派

第十四條　本團人員如有左列情事之一者應由總監督酌予懲罰

一措置乖方辦事不利者（記過）

一藉端招擾者（以刑律處斷）

一抗違命令者（以軍法處斷）

第十五條　本簡章以呈請批准時爲有效至解嚴令頒布時解散如有未盡事宜得由縣署呈請增删修改之

輝南縣鄉社自衛團服務令

第一條　本令根據自衛團組織簡章第九條所載申明解釋俾知遵守

第二條　本團應負之職責如左

一清查戶口（即清查清鄉互保之切結以防匪徒潛伏而輔警甲不足之意）

一查道及會哨（即平日梭巡遇匪即行游擊無事則各團隊以駐所地點距離之中爲會哨處所）

一偵察奸細（總司令電令偵察洛吴所遣奸細）

一偵察韓黨（遵照本署前擬嚴防韓辦法行之）

一稽察游民（防患未然之意）

一操練（時常操演俾免臨事而懼之意）

一查報烟賭（如遇有烟賭各案應即報告附近之警甲所以便拿獲送辦）

一監工修道種樹（種樹修道本屬要政在警甲與各社長均有責任所以自衛團亦應帮同監工

一防匪勦匪（此乃本團獨一無二天職倘有大股發現應以電說報告以便派隊痛勦如遇小帮亦應自爲勦防）

一關于區長之公務差遣（查社長兼團董之職除督帶管理外均社長之職責其間不免有關于公務之差遣）

第三條　本令以行政會議議決爲有効各團以奉到之日實行如有未盡事項再由縣署增删修改之

清鄉監視規則

第一條　被監視人須受居住地該管警甲之監查

第二條　被監視人釋放回里須赴就近警甲分所報告

第三條　被監視人如因天災疾病及其他事故不能依第二條之規定辦理時須遣人代報

第四條　被監視人欲爲三日以外十日以内之旅行應報明其事由及地點于該管警甲分所核准後起程

第五條　被監視人將移居或爲十日外之旅行須將其移居地或旅行地及

其事由報告于該管警甲所轉呈縣署核准後起程

第六條　被監視人對于來署呈保之戚族鄉里應受其監視

第七條　來署呈保之戚族鄉里於被監視人釋出後應負監視被罰人行動之責

第八條　被監視人應于每十日赴該管警甲分所報告一次每月報縣一次

第九條　被監視人如有其他嫌疑舉動時監視之族鄰戚里應赶即報告警甲分所立時呈報縣署查核

第十條　警甲區所對于被監視人應視爲丙戶於調查戶口職任內應隨時抽查

第十一條　被監視人過三年以外並無其他不法行動應取銷其監視

第十二條　本辦法附于清鄉互保連坐結一并辦理之

第十三條　本辦法自頒布之日爲有效至清鄉結束盜匪肅清目爲無効如有未盡事項由本署斟酌增删修改之

修正村會公欵規則

第一條　總綱　本規則依據區村制試行規則第六十七條村長有經管村會公産公欵暨按習慣攤欵之權均須遵守本規則辦理

第二條　宗旨　本規則以規定管理公産公欵與攤派支銷公欵之手續以期節儉實在而杜侵蝕浮冒爲宗旨

第三條　攤欵　村會攤欵以左列二者爲限

（甲）法律承認之經常習慣攤欵

乙關于公益事項經臨時會議議决之攤欵

第四條　賬簿　凡村會之管理公欵暨攤派欵項均須使用由縣印發之帳簿以杜扯頁塗改之獘其帳簿分兩種

（甲）收支流水簿

（乙）支銷分類簿

第五條　呈核　凡村會攤欵之先無論半年結帳或臨時發生均須將用欵事由暨數目呈請區長轉呈縣署核准發給攤欵收據方准照派

第六條　榜示　每月終應將一月花銷帳簿呈送區長核銷蓋戳並榜示週知以昭大信

第七條　查帳　凡村會攤欵已畢均須將支出事項與攤派方法及收支總

數之盈虧于六個月結清一次送由區長查核准銷並召集本村百什家長以資清查

第八條　積存　各村會如有公産公欵之積存以及所生之利息均歸該村長等妥爲保管不得隨意處分

第九條　交替　各村長遇有更换時應將經手收支各欵交代清楚經新任村長接收後方准卸責

第十條　懲罰　各村長經理公欵如有影射挪移侵蝕浮冒等弊暨違背本規則第三條之規定擅自攤派與不按第四五六七八九條之手續辦理者除將收入之欵勒追外並予以相當之處分

第十一條　附則　本規則自呈准之日爲有効如有未盡事宜得由縣署隨

時呈請增删修改之

輝南縣夏防實施辦法

第一條　夏防緣起　查輝邑地處極邊東隣吉濛近年大股匪徒竄擾于吉奉之交每多覬覦城鎮禾高林蔽尤爲肆無忌憚之時防務稍疎誠有不堪設想者是以謹擬夏防實施規則俾警甲有所遵循而知責無旁貸

第二條　取締店商　大小旅店爲客商必經之處亦或盜匪藏匿之所若不從嚴取締恐有匪類摻雜其間亟應嚴密偵察往來以防奸徒乘入兹訂取締辦法如左

一凡營旅店業者不論大小均得取具本城兩家以上之舖保呈警所查明許可方准營業其舊有旅店亦應取具妥保以資考查

二遵照警務處頒發店簿式每日午後七鍾前分送警甲兩所以備往查如有七鍾後投宿者應即時報告違者究辦

三如有形跡可疑者投店止宿尤應就近報告警甲兩所均可以便盤察違者究辦

四倘有勾通窩留匪類或知情容心循隱者應按清鄉章程從重法辦該鋪保以連坐論

第三條　整頓互保　查清鄉章程施行互保以來裨益地方殊非淺鮮惟以日久生弛故搶案亦不免時有所聞屢奉省令嚴爲整頓亟應極力遵行應由甲所與中區警察按照城内舊有百十家長將互保從新整頓一次並應遵守清鄉章程遇有親友留宿應即報告其無互保之戶限日勒令遷移其

一切調查戶口辦法均遵照警務處保甲總所及淸鄉章程辦理

第四條　嚴查行旅　土著商民既有連坐互保並有臨時調查辦法而行旅中難保不無爲匪徒探聽防務者玆訂警察保甲察店辦法

一各旅店送到店簿後應即派警丁往查按簿載姓名年歲籍貫何來何往作何事業詢明如有形跡可疑者應即詳爲盤詰倘言語支離似有通匪情形即帶所訊問供有實在送縣法辦

二各旅店如有久住而不他往及無定當職業者應即驅逐倘不遵從即以游民論送教養工廠習藝

三如有臨時戒嚴命令與送店簿以後投宿者均應派警甲臨時抽查

四警察額少應以保甲輔佐行之

第五條　晝夜梭巡　維持社會秩序爲警察固有職責保衛地方安寧爲保甲不二天職當此淸紗帳起之際處玆省界接壤之區匪徒擾亂已非一年應先事預防應由警甲兩所各派精幹警士甲丁於大街小巷劃分路線晝夜輪流分班巡邏遇有形跡可疑者應卽嚴爲盤詰以期防患未然

第六條　聯防會哨　城內佈置既如斯嚴密使之無隙可乘而鄉鎭辦法尤應規定明晰以期防患未然謹訂聯防會哨辦法如左

一各區所駐所無分警甲每日必出警丁六名或四名與其鄰所（無分警甲）會哨於早六鐘出發於晚六鐘回防風聲緊急亦可不分晝夜隨時出發途遇匪徒應力勦捕毋任竄擾如遇形跡可疑之人尤宜從嚴盤詰凡路中車輛行人均須嚴加保護不得有招擾民戶情事其會哨處所由

兩所定之

二會哨時兩隊相遇易滋誤會擬由察甲兩所分發各區所區保紅黃藍白四色小旗按日更換如兩隊相遇時擧旗爲號

三每日會哨警丁應由出發區所或區保預備會哨簿將出發警丁姓名塡列月終送警甲兩所以備考查但縣署亦不時抽查以防日久生懈

第七條　稽察勤惰　調查戶口整頓互保由保甲執行之由警察稽察其勤惰取締店商嚴查行旅以警察執行之由保甲稽察其勤惰晝夜梭巡聯防會哨由警甲共執行之由該長官稽察其勤惰均由負考核責任之長官核實呈報本署以備稽核

第八條　懲奬功過　夏防期間無論爲警察爲保甲或辦有成績或獲匪有

功應遵照警察給奬規則暨保甲新章給奬辦法呈請
省憲分別給奬如有廢弛防務不盡職責者無論警甲官丁均即陟黜稽察
不力者亦然重者依法懲辦
第九條　依據成案　當此夏防期内如獲有著名盜匪如有証據欠完之處
而事實上確知其爲匪者亦可援照前請成案盡法懲治用寒匪膽至關於
清節重大之要犯或於情形緊急時發生之要犯均應逕電省署核示以期
敏速而防意外至於尋常清鄉案件仍照通常秩序以期信讞而昭愼重
第十條　有効期間　本辦法既名夏防實施辦法則應以夏防期間爲有効
謹擬于六月一日起至九月一日止共三個月爲夏防期間如有未盡事宜
得隨時呈請增删修改之

輝南縣包收林警木瓣各捐辦法

一 凡包收林警木瓣捐欵應依本辦法辦理之

二 林警捐分東路南路兩局收木瓣捐亦分東路南路兩局包收

三 東路林警捐局設興隆堡其應設分卡共有三處(一)大北岔(二)中央堡(三)䃜領

四 南路林警捐局應設本城其應設分卡共有四處(一)大肚川(二)松樹溝(三)向陽堡(四)杉松崗

五 木瓣捐南路設局設卡地點與林警捐同東路附入林警捐內包辦

六 以上林警木瓣兩捐各分東南兩路准由包捐人指定包收除於指定地點以外不准設卡但有特別情形時得酌定之

七　其包收之法分三起以投標辦理之以最多數爲得標南路木瓣奉大洋以二千二百元爲起碼南路林警以奉大洋一萬二千元爲起碼東路林警附帶木瓣以奉大洋五千元爲起碼其不足起碼數之標無效

八　其包收年月應以每年十二月一日起至翌年十一月三十日止

九　凡投標擬請包收人員應取殷實舖保三家以資保證負連帶償還責任

十　凡包林警木拌捐欵應分三期繳納（一）陽歷一月（二）陽歷五月（三）陽歷九月均應於十五日交三分之一（至遲不得過三十日）

十一　凡包收以以兩捐者均須使用縣署公欵處製印捐票每票收還工本一分違者罰辦其工本歸公欵處彌補辦公不足之費

十二　凡包收林警捐應照定章抽收木料値百抽五辦法其包收木瓣捐按

每四三套以上下抽一毛半一毛其成材料四三套以上下抽三毛二毛違者罰辦

十三　凡包收以上兩捐者其員役薪公均由包捐者担負

十四　考核各處包捐人員應設總稽查一員月薪小洋三十五元年支四百二十元由南路木瓣担任五十元南路林警担任二百七十元東路林警木瓣担任一百元

十五　本辦法如有未盡事項得由縣署增删修改之

民族

輝境自清光緒初年度地居民宣統二年設治三十年來生齒日蕃漸次安土挹婁靺鞨遺族雖無可考其實中國人也祗以昔者邊事漢視東北無論白山之右隔絕中華即盧龍赤塞以東固已視同化外中朝有力儘示羈縻而盤弓秣馬之衆亦遂蟠據角逐爭相雄長於遐荒者二千餘載朱明運替帝出於震而肇清崛起輝發部落實附隸焉在輝發前當無部落必挹婁靺鞨牧獵之所頓寄而已挹婁之與肅慎靺鞨之與勿吉名異而族同也靺鞨厥後爲渤海渤海不振屬女眞部落轉移酋易而名更其實一族代有不同此地編氓有年安土之家不可多得堪稱巨族者可以齊魯之人爲夥燕薊晉豫不過商賈流寓故境內民族以漢族爲盛滿回各族儘有而已茲爲列舉各氏如下

漢族

孔氏　孟氏　顔氏　仲氏　張氏　劉氏　趙氏　孫氏　李氏　周氏

吳氏　于氏　馮氏　林氏　馬氏　陳氏　楊氏　朱氏　姜氏　何氏

白氏　任氏　王氏　齊氏　黄氏　沈氏　韓氏　蔣氏　崔氏　吕氏

范氏　苗氏　秦氏　安氏　史氏　薛氏　金氏　董氏　戴氏

滿族即俗所謂旗族原長白山人從龍入關以後留此者甚少

關氏　佟氏　馬氏　康氏　任氏

回族西域甘新等處人清季來此者數戶

楊氏　李氏　馬氏　王氏　張氏　林氏

特殊姓氏

鄫氏　類氏　佘氏　朴氏

按鄫類二氏係由山左沂州遷來者佘朴二姓係朝鮮遺族越境來墾年久同化云

戶口表

區別	戶數	男丁	女口	男女合計
城鄉	一千二百一十五	三千三百二十九	二千五百一十二	五千八百四十一
一區	三千八百八十七	一萬二千六百一十九	九千三百五十三	二萬一千九百七十二
二區	二千五百四十七	九千二百一十二	七千一百八十七	一萬六千三百九十九
三區	二千七百三十三	一萬零四百八十七	七千七百五十八	一萬八千二百四十五
四區	三千八百三十七	一萬四千二百一十九	一萬零零八十八	二萬四千三百零七
縣城商戶	四百零四戶	一千八百七十五	四百二十一	二千四百九十六
合計	一萬四千六百二十三	五萬一千七百四十一	三萬一千三百四十六	八萬九千零二十

農業

農會駐縣城頭道街民國七年八月成立地方士紳于龍辰孫煥章等組織開辦覃研農事提携農民每年經費預算小洋八百零四元由斗捐撥充二百餘元不足之數由本會會員募給會設正會長一員副會長一員文牘一名評議六名調查八名會章規定會長及各員三年任期期滿改選民國九年經王瑞之知事提倡由會內立農事講演會以演繹農事常識纂爲農事講演錄頒給各區農民分閱以求稼穡進步惟各區農會尚未成立老農觀感之資不無向隅云爾會產計有草房十四間會地五畝均在城內

農事

立春　農夫例於上元節後以斧斤入山林採伐薪木備終年燃料曰上山勤

勞之家則於人日後即行上山
雨水　辱錢鏄鐥耒耜
驚蟄　輸送肥料揚散隴間曰上糞
春分　掘除隴上陳根以便啓土下種曰刨楂子
淸明　施種蔬菜及大麥
穀雨　佈穀及種玉蜀黍蜀黍各類
立夏　施種稗稷及各種雜糧
小滿　施種各菽及菸麻早種有開鐽者
芒種　平地農約略種畢第一次開鐽山農猶種蘇粳各種晚糧澤農插秧鄉
村四月絕少閒人俗謂過了芒種不可强種但以山原氣候之遲早三農工

事之參差恒有種至夏至以前平原已耘而山地猶耕者

夏至　山農第一次開鏟平地農已二次開鏟矣

小暑　以犁啓土培禾曰鎊地

大暑　第二次鎊地山農第二次開鏟幷以手攎除隴間雜草曰拔地此時又種蕎麥

立秋　耕耘漸隙刈蒿墊廐備釀肥料曰割墊腳於時又種萊菔菘芥曰種秋菜

處暑　刈麻漚於泡中曰打麻

白露　刈玉蜀黍及黍稷諸早禾

秋分　百穀成熟俗謂秋分無生田普通開始刈穫曰割地

寒露　禾稼畢登

霜降　築場圃曰上場收刈園中秋蔬漬菜

立冬　農工既畢塞巷墐戶綢繆禦冬

小雪　佈禾場中以連枷拍之出粒曰打場

大雪　打場既畢選擇種子

冬至　山農結耦行獵是時獸毛羢最佳

小寒　輸糧入市追索逋負

大寒　陰涸陽復沽酒市脯以慶歲功曰偎冬

苗圃　附

輝南公立苗圃在縣城小西門外民國十三年春經王杅知事於是處闢公地

一隅規劃界址剪除草萊建築門額每歲植樹節歷任知事躬率各機關人員植樹於此惟因地勢坡斜土壤磽薄所植之樹未能鬱茂十四年秋白知事復力行整頓委任主任以專責成雖限於經費而鋭意樹藝地道敏樹十年以後必有可觀也

工業

民衆生活程度日高而社會需要日繁社會需要日繁而工業競進日烈天演步驟不卜可知輝南設治未久社會需要亦簡車有椎輪之致舟仍刳木之風舍宇則矛茨土階相安樸素故舍梓輿陶冶之外幾無工業可言然其規矩量衡輪廓模範率遵內地舊制無奇技淫巧使民目盲心亂日用之常資美利而不匱無競逐物質之習馳鶩奢靡之獘亦可風也按境內單純工業可分木工

陶工冶工數種茲爲縷析述之

木工可分二種曰硬木作曰輭木作建築屋宇橋梁及製車者曰硬木作製造日用家具曰輭木作二者並無新法及機械工具規圓矩方尺長寸短將作則斧斤鑿鋸宅第之所落成車梁之所搆造與夫箱櫃几棐檯橱椸杌凡以供境內之用而已

陶工邑南杉松岡及西黄泥河地方均產瓷礦土質精美均有窰廠鍊冶生土埏埴爲器如缸甕罐盆各器類皆陶質堅固釉彩華潤殊勝於土貲陶器每年製器萬餘銷售各地價額五萬餘元此邦工業之大者也

冶工杉松崗地方產鐵礦儲量頗富而質良自民國七年開採以還即於採礦公司附設冶鐵營業所需工人頗夥每年約製鍋萬口火爐五百具農具萬件

以供地方之需値廉質堅而無運輸之勞稱美利焉他如油酒皮革各項工業罔非因自然之物力襲不易之成規雖不離工業範圍然於地方工業不及三者之著故不贅焉

商業

商會輝南商會設縣城二道街民國紀元成立其始儘推巨商四家值月經理會務民國三年推舉正副會長各一名任期一年二年不等六年始投票選舉會長任期規定二年爲限期滿再行改選迄今仍之在選舉前先行推舉會董二十名由此數中選舉會長另聘坐辦一人司文牘會計庶務各事此外大肚川石頭河各鎭均有分會組織略同不過各理其事不相統制而已

商場本邑自設治以來縣城商賈隨時交易無市場之規定民國十年春定南

門外大街及二道街東門內十字街三處爲集市逢三日東門內十字街成集逢六日二道街成集逢九日大南門外大街成集今以二道街商會門首爲柴草市及牛馬市戲劇倡伎娛樂之場則南門外東隅其他各行尚無專市各商店則布帛麻絲米粟鹽鐵床架屋牖貨而居隨需而付城鎮一致除木棧糧店燒鍋而外無專業也計縣城商店小大共三百戶大肚川百戶大塲園樓街中央堡各鎮商店則三四十戶而已

商品輝南輸出品以農產及生貨爲大宗製造品次之大豆每年輸出不下十萬石紅糧蘇子菸麻豆油豆餅輸出亦夥各由開原南滿車站轉運於營口大連長春諸埠農業副產蕿茸獸皮爲大宗轉銷於省城及關內各處生貨木材煤鐵爲大宗均銷售於鄰縣木材每年輸出價額不下五十萬元煤鐵輸出價

額亦在二三十萬元左右製造品則陶器如缸盆罐甕冶器如鍋釜勺鏟及農具各種輸出亦不貲也輸入品以大布洋布棉花石油食鹽茶葉藥材紙章火柴紙烟爲大宗漁蝦麵粉等類次之布棉各由省城逕海或關内各地輸入油鹽茶藥各項雜貨則由省城或營口安東各地輸入輸出多生貨其值廉輸入多熟貨其值費出輕入重利源漏卮固不止一隅然也

度量衡輝邑度衡砝碼與内地及省城不甚懸殊惟斗量較省城羨四升而餘三十年前舊制也方今省憲亟亟於劃一度量衡其耗羨比例暫難權定僅就地方習慣列表如下

度量衡表 附

類別	碼名	數量	法制
度尺	尺	十寸	仍准蘇尺法
量斗	斗	十升	准三十三斛爲一斗制
衡秤	斤	十六兩	仍准蘇秤法用制錢八百六十文爲一斤

礦業

輝境東南一帶礦儲富饒鞍子河杉松崗各處煤鐵質美適用寶藏無窮自清季開採三十年來或絀於資或創於匪贏絀靡常間有停辦美利棄地至爲可惜然以華工華股利權未溢他日宏工肆力利源汩汩地方富庶於是賴矣備述礦業情形如下復森煤礦公司設在縣城南四十里杉松崗地方光緒三十二年成立即領部照資本純係華股職工亦無外人礦區面積一萬六千二百方畝每年產煤三四十萬斤產炸一千二三百萬斤鍊燋一百三四十萬斤原礦出坑每噸成本需小洋十元鍊燋每噸成本需小洋三十元銷售地方各處及各隣縣礦區稅每年納大洋三百零二元二角八分附加捐值百抽三每年納大洋三千餘元

華阜鐵礦公司設在縣城西南鞍子河地方光緒二十一年創辦試採嗣後中止民國七年鐵價踴貴由資本家馮金升招募華股集資十四萬元領到部照開始採掘礦區面積六方里辦事人員十名礦師一名工人二十名純用土法產額約鐵礦六十萬斤煉熟鐵十萬斤陸路運銷開原南滿車站水路運銷吉林省城礦區稅年納大洋八百一十元至民國十一年因股匪騷擾停工罷採歷年遵章繳納礦區稅至今未能恢復工作良可惜也

漁業

漁業輝境雖有輝發三通諸水然以濫觴所在水冷土躁產漁尚不甚盛漁戶以輝發江沿岸爲多數啚以時澤梁無禁江上結茅扁舟載網每戶漁人三五其居曰網房取漁之法用網以外兼有用罩或斷梁諸法所得以鯉鯽鮎鰍諸

魚爲多曉日竹籃售賣城市每斤價値一元至二元年產五六萬斤之譜多供地方之用尚未輸出故無征禁之舉也

林業

輝邑東南毗連長白山之龍崗跬步皆山三十年前森林面積不下千餘方里設治以來逐漸採伐至民國八年王令勘測尚有四百餘方里較之原有已損三分之一也是時境內森林純係民有是年頒森林國有章程乃陸續報領現據地方人士所稱境內森林面積已不過百餘方里較之十年以前又損三分之二矣生聚日繁需材日極山谷之中採伐之後棄置不顧十年以後材木問題必虞匱乏矣按境內林叢純屬天然林積久成材業採伐者設木廠山中鳩工伐木或斲爲材或析爲薪由溪水泛入城市棧店承受轉售於人獲利頗厚

城中有木業公司一所棧店二所東南四岔榆樹岔各山隨處輒有木廠不下百餘處云

輝濛木業公司在縣城南關民國十四年設立股份有限性質註册領照資本金奉大洋十四萬元純係華股内部設總務採購運輸售賣四股各股主任一人分掌各務經理總之職工七十名專營採買輝南濛江兩縣森林採伐轉輸爲業所有森林在輝濛二縣面積共計二百方里每年産額七八十萬元獲利十萬元以上銷售則統由陸路用車轉運各縣云

墾務

輝南於有清設治之先版圖原隸於海龍府當清光時代即有盛京將軍發出殖民墾照彼時雖山林深密人烟稀尠然已有採山伐林之户而墾荒者寥若

晨星迨至宣二設治則西北隅接近海龍雖無村落而地多開墾東南山裏仍林木葱蘢遂又普放荒照全境不過四十萬畝其最大之照不遠十二畝少者六畝八畝其四至之廣袤已一望無垠然仍有因課賦不保而棄照遷移者民國改元後遷來魯民年益增多墾荒始暫發展及清賦令下自由增加畝數至十五年則積至六十萬畝之概復奉省令以東邊松輝長圖各縣未闢土地甚多應先定招徠之方次定安輯之法以期保植息養永久相安當以境內雖有荒蕪均在民戶照至之內祗有清賦問題並無招墾必要體察地方情形遂訂催墾章程謹錄於後亦可見輝南墾務之沿革矣

輝南縣催墾單行規程

第一章　總綱

第一條　宗旨　本規程就輝南地方情形擬定催墾辦法以招徠墾戶保護墾殖俾荒蕪盡成熟田而免棄利於地爲宗旨

第二條　原因　本規程因輝邑設治之初土地概已放領惟至今未經清丈實緣地多沙城東南兩區又多森林其未墾之荒基於以上原因亦難一律撤放斯爲輝邑特殊情形所以催墾辦法亦應與他縣稍异

第三條　程序　本規程以調查爲入手辦法俟調查結果再行分别催墾招墾實行保護政策

第四條　界説　本規程既以催墾爲宗旨則凡已墾熟田縱有浮多亦應歸清賦範圍辦理毫不涉及清丈問題

第二章　調查

第五條　派員　此次派員調查若純委地方人員辦理誠恐瞻徇情面敷衍塞責若委任縣署人員辦理又恐人地生疎調查難周均不免滋生流弊是以擬由縣署派員會同各區村長副實行調查務期詳實以爲催墾之根據

第六條　區域　縣境西北二三兩區地多膏腴其未墾之生荒甚少而縣境東南一四兩區山嶺綿延未墾之荒甚廣惟多森林沙城誠爲催墾之障碍是以先由一四兩區調查完竣再行調查二三兩區

第七條　方法　由調查員會同該區之區村長副按村依次調查凡係未經開墾之荒或開墾停耕之地有無業戶坐落何村約計畝數以及何人領名何人管業有無沙城林木之障礙其連段熟田足敷原畝否一一調查明確以便實行催墾

第八條　表報　調査完竣時由調査員會同區長將該區境所有未墾與停耕之荒地依照前條規定繪圖塡表並約計畝數編成字號會銜呈報以便分別催墾

第九條　期限　東南一四兩區以三個月爲調査完竣之期西北二三兩區以兩個月爲調査完竣之期

一　調査完竣後如有遺漏與不符情形准原業於一月內聲明如無業主聲明即認調査爲確實

二　前項調査期限如因特別窒碍情形不能如期報竣者得呈請延長之但至多不得過六個月

第三章　催墾

第十條　辦法　輝境土地既於設治時槪行放領縱有未墾之荒亦多在領名照至之內但丈放現已十有七載業戶甘心拋荒棄利於地殊背官府招墾之初意況有熟田已逾原領畝數者甚至墾熟之地又復停耕其拋棄之荒本應由官府招戶另放以重墾殖姑念農民取得產權非易謹規定辦法如左

一　無主荒地應由官府招墾不收租粮限二年成熟起科即行塡照管業第一年須開十分之六第二年一律開齊其不堪墾種之地亦須酌量土質栽植樹木或備做牧場

二　有主荒地無論其爲原領段落一部荒蕪或全部荒蕪其畝數既與課賦相符均限令該原業於調查完竣後一年內招戶墾種或自行開墾務

期成熟仍舊管業逾期即行撤地另放按照無主荒地辦理惟課賦移歸

新領戶承納以重墾殖

三　有主荒地而一照至內連叚之熟田已溢原領之畝額者亦勒令業戶

於調查完竣後一年內自行招戶墾種或自己開墾成熟升科如甘抛棄

即行撤放按照無主荒地辦理

四　有主荒地而一照至內連叚之熟田不足原領之畝額者亦勒令業戶

於調查完竣後一年內自行招戶墾種或自己開墾墾熟補足原畝其浮

多者升科如甘抛棄即按無主荒地辦理惟准將原畝未足之課賦移歸

新墾戶擔負

以上二三四三項如有特别情形准該業戶聲明理由請求緩墾至多得

核准展緩一年倘再抛棄仍按前三項辦法辦理

五　停耕熟荒無論有無一照連叚熟田足否原領畝額務於調查完竣後一年內續墾如原業抛棄翌年即由官府招戶耕種不准聲明緩墾

第十一條　除障　凡土地以上敷有林木者應查明森林有無業戶土地有無業主其森林土地是否同一業主茲規定辦法如左

一　森林土地均無業戶者先遵照部章招領森林限期砍伐俟限滿露出土地按照前條第一項辦理

二　森林土地各有業戶者先勒令森林業戶遵照部章年限砍伐露出土地按照前條第二項辦理

三　森林土地同一業戶者先勒令遵照部章年限砍伐露出土地按照前

條第二項辦理

四　森林有領戶土地無業戶者先勒令森林領戶遵照部章年限砍伐露出土地按前條第一項辦理

五　森林無領戶土地有業戶者應先遵照部章招領林戶露出土地再按前條第二項辦理

第十二條　減則　凡遇沙堿之荒無論爲原業爲墾戶均照下則減半起科以示體恤

第十三條　責成　其催墾與招墾事項均由本區區長辦理每年春耕之前辦理一次以一個月爲限呈報縣署備案其催墾者註明原因年限依照第十條各項情形表報其招墾者彙呈縣署先發墾照俟三年成熟起科再行

塡發部照管業

第十四條　通知　以上催墾招墾各辦法先由縣署印刷布告分發各區村

週至並呈請

省署備案飭知各縣再轉咨直魯吉江各省飭縣粘張以廣招徠而資遵

守

第四章　保護

第十五條　優遇　凡墾戶墾熟之荒至二年期滿即塡發部照歸墾戶管業

均按照淸賦章程辦理概免荒價

第十六條　公權　凡墾戶居住三年合於國會省會選舉法公民之資格而

無消極資格者一律認爲選民有選舉權與被選舉權

第十七條　整飭警甲　值此大股匪徒相繼投誠之際正我厲行清鄉正本清源之時縱餘孽未盡有二三小醜不難以地方警甲一掃而清並擬將警甲化整爲散俾十里之內均有警甲雖人數較單再輔之以鄉團實行清鄉則匪盜既無由而發生墾戶自可安居以樂業

第十八條　歸併屯堡　查歸併屯堡一案前已改訂整頓辦法一爲添設屯基一爲限制建築則將來墾戶日衆建築亦必日興是招徠墾戶既可利於歸併屯堡而歸併屯堡亦實保護墾戶此二者既相互有關即二者相互有益也

第十九條　奬懲　凡區村長副與警甲官吏對於墾戶應負倡導保護之職責如能將本管界内荒地勸墾成熟達六成以上者由縣署分别記功發給

獎章其有玩忽並不實力勸辦致開墾不及三成者以溺職論分別記過撤懲不貸

第五章 附則

第二十條 有効 本現程以呈請批准之日實施

第二十一條 變更 本規程如有未盡事宜得由縣署呈請增刪修改之

第二十二條 廢止 本規程於輝境荒地概成熟田之日爲廢止之期

醫業

輝邑自設治以來懸壺之士漸衆惟以生聚聿始百業苟完山澤之區草萊甫闢氣寒土澀風雨霪霖沈陰積潦疾病所生需醫維亟望聞以求急需莫擇而研究醫業之組合率從簡也民國十年王知事考取醫生七十名設醫學研究

會後至民國十四年二月白知事復舉行考試醫生取締庸醫鄭重人命予以券証而業有所憑訂爲方箋而藥無或誤爲惠多矣境內約店五十餘所業者多豫人醫士百餘人業者多魯豫之人云前項叙述専指中醫而言近代科學昌明歐風東漸一般智識堦級人士患病每多愿就西醫輝南雖設治未久而西醫葯房自民國七年即有遠東醫院之設醫士兼葯劑師爲許行齋兼充警甲兩方醫官考軍界之醫官凡團部以上必須延用西醫營部始准以中醫充數我輝警甲用醫亦可謂得風氣之先也近年接踵而起又有西醫葯房之開設但此起彼仆多半因不合於官訂取締西醫章則而勒令停業及十六年又復有遼東醫院　醫院兩家均係遠東醫院之學醫者所組織其能否持久未敢斷焉

宗教

道教

境內教徒以道教爲多其傳入亦較早品類尤雜持靜空山者有之托鉢四方者有之而以陰陽符呪諷誦祈禱爲事業似巫醫者尤多其居曰觀曰宮其有家室者曰火居道番禺雜俎謂火宅道或謂出張道陵曰正乙派考宋末有長春眞人者功修深邃以殺爲戒從元世祖征西域元祖師之其徒十八人佈教四方曰龍門派其時已及於遼東迄明輝發建國寧無人者而雲游之徒諒必有卓錫山中以爲棲止惟人烟寥落建築匪易故無宮觀耳按平安川海雲宮爲光緒十六年所建其後圍荒日闢屯戶日多而生死扎厲無醫可就其所需於道士者日亟於是廣建宮觀而來者日多境內有宮觀十二所

回教

回教即天方教一曰清眞教係回鶻摩罕默德隨波斯胡來中國探三教異同歸而著書所創其教惟拜上帝不事多神其經曰托賴經可蘭經曰加塞教典其教師曰阿訇其徒相呼曰把其教堂曰禮拜寺其禮拜曰主麻日其婚喪諸禮由教長主之其教民以經典法律使之輕生死習營業故其人皆勇悍無遊手考滿州志回教自唐宋以後始入中國境内回教自民國初年傳入蓋其徒以土地日闢漸漸來居也城中有清眞寺一所阿訇主持其務回民環居之以牧畜屠沽爲業婚姻非其黨不與居室以紅楮書回文顏其楣以示所信仰其於禽獸非反芻具蹼之類必不食教規所在亦清潔之道也

佛教

縣境佛教之傳入視道爲遲其徒亦稀蓋佛教之徒五蘊俱空六根皆凈掃地焚香他無所事初不如彼之多方技解阿世故其殖匪易易也其所居曰寺以漢時佛徒東來止於鴻臚寺故後以名也境內佛寺絕少城北有寺曰大安係民國七年所建殿三楹祀佛茅茨不剪鐘鼓不設老僧如鶩儘蔽風雨而已聞東鄙山中有老僧構茅入定不食烟火年華再踰古稀其沙門中之佼佼者也或於內典有所悟也

耶穌教

耶穌教即基督也又名新教以經馬丁路德之所改革因立異號其教以上帝爲千古不泯之天神謂人生動息無弗有上帝臨汝者故崇拜之祈禱之而孜孜不已也其徒慈善與人博愛無爭忤每日曜則聚徒祈禱衆閉目喃喃誦經

曰作禮拜由牧師登壇講經而散清季始傳入我國北方宣統時傳入縣境境內尙無禮拜之所每日曜輒在城中教會所立之小學校作禮拜云

天主教

天主教又名舊教以別於耶穌之新教也其傳入縣境爲清光緒二十五年西北區李張諸大姓首奉之而信者日衆二十八年始螞河地方建天主堂一處其教崇上帝闢多神信靈魂斥偶塑略同新教惟神權嚴重尠自由平等之習似較遜之又新教止信其人而斯教兼信其家此其大較也

祠廟表

名稱	地址	建築時期	奉祀	堂間	面積	住持
青龍宮	大北岙	光緒十八年	關帝	一	八十方丈	道一
青龍宮	缸窰	光緒廿一年	關帝	一	九十方丈	道一
九聖祠	大陽	光緒十六年	九聖	三	六十方丈	道一
海雲宮	平安川	光緒十六年	關帝	六	一百方丈	道一
海雲宮	托佛別	光緒十八年	關帝	三	一百五十方丈	道一
海雲宮	輝發城	光緒十八年	關帝	三	一百六十方丈	道一
老君廟	杉松崗	光緒廿五年	老君	三	四十方丈	道一
朝陽宮	三間房廠	宣統元年	三霄娘娘	三	一百方丈	道一

凌雲觀	樓街	光緒二十年	三霄娘娘	三	八十方丈	道	一
全聖宮	縣城西關	民國元年	九聖	三	五十方丈	道	一
五聖宮	縣城小西門內	民國八年	關帝 三霄	三	四十方丈	道	一
大安寺	縣城北門外	民國七年	文殊	三	四十方丈	僧	一

宗教信徒表

教別	男數	女數	合計
道教	四百一十三		四百一十三
回教	一百三十六	七十七	二百一十三
佛教	二十八		二十八
耶穌	四百七十二	一百二十	五百九十二
天主	二百一十八	一百二十	三百三十八
合計	一千五百八十四人		

禮俗

民風

縣境民籍齊魯爲多直豫次之生聚垂三十年文化漸興絃歌聿起馴成善俗受廛租畝之儔謀生較易去住亦輕而中戶以上之家多就安土性情樸實慷慨面勤儉膂力矯健勇而敢爲士知廉恥讀書治生介然自守農重然諾喜居停服田力穡甌窶有秋一夫耕鑿可食多人工無淫巧因物效技埏埴雕斵惟適於用商重居積遠地懋遷輒有倍蓰之利而四民之外猶有僑居無業之徒游手於東南山中入烟寥落之處守斯土者所當圖也

祀典

文廟在縣城東南隅設治初曾於東北隅留地待築後以其地無爽塏之象遂

建廟於此正門外額曰大成門内額曰櫺星門東曰金聲門西曰玉振門正殿三楹中祀至聖先師梓牌左右配祀四配十哲東西廡從祀及門諸子及歷代先賢先儒共一百五十有三人後殿三楹上爲閣閣爲崇聖祠殿中楹祀文昌東爲孝子祠西爲節婦祠每年春秋上丁由地方官率屬致祭按廟爲民國十一年王杍知事經始建築十三年秋白知事踵事增修塗墍丹雘而夫子之門墻輪奐壯觀矣

武廟在縣城西南隅寢殿三楹中祀關壯繆公東祀岳武穆公又配祀財神西祀葯王火神民國九年春經始十年秋落成每年春秋上戊由地方官率屬致祭初關公廟原留地基於城東北隅後由公會議決易於此地至是遂以爲武廟而財葯火諸神亦附祀其中者猥以開闢未久民力孱弱祀典所在不遑備

畢守牧與民休息亦禮從俗之意也

城隍廟在縣城西南隅殿一楹儘位神像與武廟同時建每年一祭按城隍乃司城郭之神春秋鄭災祉於四鄘宋災用馬於四鄘鄘城也迨吳赤烏二年建城隍廟於承流坊北齊慕容儼祀城隍破梁軍厥後致祀益盛故亦在祀典

婚嫁

輝邑地處邊徼風氣樸固禮儀簡率婚姻之禮首由媒妁通兩家之意次交換男女之年庚屬相就日者之流而卜其五行之生剋曰合婚厥卜吁吉議禮由女家索聘禮以錢幣及猪酒布帛簪珥之類衡家道之貧富女齡之長幼而定其多寡由媒妁折衷之約既成男家諏吉致禮品四色於女家由媒妁付聘禮列書男女年齡於紅箋曰媒柬其儀曰過定禮猶古納綵問名之義嗣後男娶

女嫁多用單歲以年命相通先婚期二日由男家撰穀旦以衣服釵環豚酒各物屬媒妁賫送女家並以紅柬列書行禮時日及屬相之避忌而贊以吉辭曰年命帖同時請福命之女眷爲新嫁娘裁嫁衣一襲曰開剪是日女家戚鄰各以貲財飾物餽新娘曰幫嫁裝女家設筵相欵其儀曰過大禮猶古納徵請期之禮也間有於婚期先一月內行之者女家於婚期前一日備具妝奩箱几之物往送之門男家以鼓樂迎之設席歡宴曰安櫃箱同時來送女眷扶寓新娘於附近男族戚家先是男家已備服御曰打下處詰旦南家備綵輿乘娶親娘婚著盛服跨駿馬親友少年參乘擁導至下處迎娶娶親娘引新娘出室由新娘兄弟抱持升輿以去其於日昨儘送妝奩是晨男家躬詣女家迎娶者曰對頭娶即古親迎之義也及至男家閉門喜輿停佇少刻啓門迎入由大門至於

戶敷佈紅氈院中設案置香供是時細樂緩作女儐扶新娘降輿攙持之行氈上至案前男拜女立曰拜天地禮畢男先女後男相女儐扶往內室及戶男將女首所覆紅帕揭去曰揭蓋頭紅入戶女儐扶新娘登榻坐向吉方曰坐福已而女家備糖餡水餃令男女對面同食曰子孫餑餑食既女盛妝與新郎參拜祖禰女又拜翁姑及婿家尊長曰分大小及昏洞房錦幄紅燭雙明長案敷紅色氍毹置酒雙杯夫婦交飲如古人合巹之義先是女家以棗栗藏於裝新被角合巹後擁衾相向夫婦摩挲而食之取早立子之兆也是日男女族戚友各以貲財禮物致賀於男家曰上禮男家以簿注其姓名而職酬酢盛筵讙讌新郎當筵拜謝曰拜席成婚後三日或九日新郎新婦偕詣岳家曰回酒邇來縣城中亦有文明結婚者至於生男則掛弓箭於門生女則懸紅布於戶懸弧設

悅古禮猶存也

喪葬

喪禮於逝者屬纊之頃循古易簀之遺意爲易新衣無冬夏必以棉設茵褥舁於靈牀之上以銀或銅幣納之口中曰押口錢即古飯含錢之意孝子趨出哀號曰指路必西向若示逝者以超昇之處也入室拜而舉哀米湯香楮往奠附近之廟歸而舉哀曰報廟若妥逝者之靈於里社而祈爲祐也歿後晨午夕日三奠於廟必舉哀三朝設鼓樂化紙箔川叩奠之曰接三即日棺歛成服子女用斬衰男冠孝巾女散髮以素布[illegible]首束腰以麻男繫布伏苫塊於靈左鄉隣戚黨陸續以冥鏹弔唁葬期三日五日各以其家道而權衡之停放多日者須諏吉安葬前一日家奠開弔傍晚親友詣靈奠拜家人舉哀曰辭靈其隨歛即

葬者多於逝者故去之次夕行之翌晨發引舁櫬奉出孝子執紼當棺孝孫執旛前導孝眷哭泣輿隨送行親友相隨送至營兆停櫬掘壙深三尺安窆其中孝子掬土封棺然後塡土而墳起之致奠舉哀畢返三日詣墓培土曰圓墳每七日一致奠七七而止此中戶以下之家普通儀式也至於中戶以上之家停喪七七至百日始葬者必紙製宮室車馬僕從倉庫諸冥器費至不貲而焚化之或搭席棚邀僧道晨夕諷經鐘鐃法鼓以渡逝者幽靈發引時或用僧道鼓吹導送各以其力而無恔於心也首周年即古小祥多於是時除服次周年即古大祥三周年即古及禮除服之義而多不能三年之喪風人所以有素冠之歎廬墓之誠更不見矣

祭祀

輝境民質誠樸畏天敬祖禮以情生開緒承家報本源則有祀祖之禮食毛踐土崇歲功則有祀神之禮民戶祀祖多懸宗譜於中堂小戶亦有以紅紙書宗親牌位供於壁間者而承以几案四時薦新朔望焚香叩拜元旦及除夕祀典最隆羅薦牲醴粢盛家人以次虔拜夜則香燭達旦凜然僾愾之思其以災疾祈禱而舉行者則曰還願其儀隨時擇吉薦豬羊酒醴於神前延巫覡繫鼓舞蹈而諷誦之以達其意主祭者奉杯而祝以酒澆牲耳曰領牲三跪三獻禮畢以祭肉饗客客初至道賀食畢逕去亦不致謝墓祀則夏曆正月望日之夕以燭燃之墓門曰送燈清明節祭墓并填土於墳間有以紙製彩繙插於墳頭者七月望日祭墓及掃除墳草十月朔日祭墓及焚化冥衣曰送寒衣除夕祭墓路遠者祭於路口曰望祭祀神之禮亦各有時人家多於院中室壁南向供天

地牌宅中供竈神大門房門各供門神朔望焚香叩拜元旦除夕各備祭品致祀村落之旁多以土木築廟祀三神五道土地諸神猶古里社之禮通俗稱山神廟其祭儀與天地竈神相似三月既望六月初六日鄉人醵祭於山神蟲王各祠禮既食餕扶醉而歸豚酒致誠作甌窶滿車之禱似古賽田之遺意至於雨暘祈禱則無定時無專祠各以其事醵貲備禮而建醮關帝龍王各廟神道設教食爲民天罔弗爲歲功計也

歲事

陽曆新年官紳軍學團拜慶賀遠則寄柬祝嘏機關例假放假三日商工但以酒饌識慶交易工作俱不停止云

夏曆正月初一日春節即昔之元旦通俗設香楮備酒醴祭天地神祇祠竈戶

祀祖考致誠盡禮夜闌拜父母詣尊長家人老幼團坐食水餃向曉盛服比戶拜謁曰拜年初五日俗呼破五沿戶各備盛饌有辛盤迎春之意又以初七日爲人日初八爲穀日初九爲果日初十爲菜日每以日之冷暖晴陰而卜歲之荒稔

十五日爲上元節城鄉各獻湯圓煮而食之曰慶元宵城中燈燭連宵聚青年子弟彩衣傅粉演雜劇沿戶行歌曰太平歌猶古儺驅疫之意

清明節各以麥粉製餑餑團聚食之

三月十六日俗呼山神節酒饌讙謔山中尤盛

五月初五日夏節即端陽節城鄉各輟工作備豚酒相慶祝市角黍粉團相餽遺以帛裹棉作人虎各形懸之於門兒女以絲絶纏臂以祝長生猶古五絲續

命之意

六月初六日舊天貺節農家多製蘇葉餑餑以相餽送

七月七日相傳黄姑與天孫相會之夕以烏鵲爲橋閨中妙女頗於是夕穿鍼乞巧城中理教信徒醵資爲盂蘭會延僧道諷經以紙爲彩舟供佛奉行市中尋向河畔放藁燈下舟於水海潮音湧水陸道場頗繁盛云

八月十五秋節城鄉百工俱休酒食相慶先是各以月餅水果相餽遺夜間陳祀於庭以拜明月

九月九日重陽節士人間有登高者

十二月初八日鄉間以五穀彙煮而食曰臘八粥

二十三日古爲醉司命日各以香餳紙馬薦竈家長拜而禱之曰度小年

三十日除夕家家華燭連宵家人團聚歡謔曰守歲取除舊更新之意拜祝尊長曰辭歲

雜禮

相見禮鄉民相見多用長揖禮城鎮中多用鞠躬禮跪拜非於家庭尊長不用

湯餅會生兒三日比隣各以米麪豚蹄相餽曰下乳山中人曰合縫十二日設筵相酬猶古湯餅之意

會年茶城鄉於新正人日以前比隣設饌招晏劇飲聯歡曰會年茶而延致則必尚齒猶古鄉飲之禮

建築宅第落成之際親友道賀曰賀房

遷居之際戚黨以食物往餽新居俗呼燎鍋底

會親酒嫁女家於過禮之日肆筵讌客曰會親酒

衣食住

縣民習尚質素服御簡率衣無重襲食不兼味住則茅茨儉可風已通常衣褐寬博純用棉布四時儘備單棉以禦寒煥色則用藍耐染涴便出入利操作也閒逸之徒間有着青白細布者至於縐綺錯繡夏葛冬裘蓋非士紳商賈不能爲也冠履則夏笠冬𣛙春秋以皁布裹首春冬厚着靰鞡夏秋跣趿布履者多有之春秋冠緞呢冬季冠皮𣛙四時躡革緞之履者間有之女服普通淺色藍布四時多服長衫文錦裙衩者不多覯也民食米以玉蜀黍米穀米秫米爲常品農工日三餐平戶兩餐囹不仰給於斯三者稻米或粇米年節與餉客饌之熬米而糜爛之曰粥淅之以水曰水飯瀝水飯而蒸之曰乾飯均可和以小豆

而煮之麪以麥麪蕎面爲佳品雜米亦可磨粉製爲餑餌曰乾糧而以黍米爲佳玉蜀黍爲常農事方忙田夫每裹置隴畔代午膳以省行饁蔬菜常年以菘葱萊菔土豆爲恒品各可窖藏甕漬以爲暖菜酸菜鹹菜由秋暮至於春殘略備半年之用夏季瓜蓏雲豆盈畦垂架每不勝食又有雞卵粉條木耳蘑菇之類則不速客來盤餐市遠殺鷄爲黍用以儐筵而已肉則豚羊與牛城市皆備鄉間非年節婚喪不用也酒以秫米釀者最烈曰燒酒常人多飲之黍米亦可釀酒曰黃酒味稍薄普通食物如是他如富庶之家膏粱厚味則非民天所繫不爲枚舉鄉村陌路逆旅絕稀行人投止農家輒殷勤爲餉去不索値亦是邦風情之厚也民居多草房城鎮間有瓦房或三楹或五楹俱起脊旁接一間曰耳房正房之前迎大門東西有廂房曰四合房裝飾儉素內爲對面火匠以風

高氣寒之故必備高大烟筩北墻無闢窗者垣墻多用磚甓砌築鄉間則人烟寥落三五成村倚巖結第團焦如匏豎板爲垣編柴爲門苟完容膝隨在皆是殷實之家亦無輪奐之觀不過于芽索綯塞巷墐戶築黃土爲長垣防綠林之暴客而已巨鎮多爲土墻以固防圉曰圍子而編氓散處守望難資故縣令有歸併村屯之策治安所在詎緩圖耶

水火

縣境當龍岡之西麓土勢高亢水土因氣候而剛冽西區平安川團林子一帶濱輝發江水勢平衍土脈温和人多韶秀東南各處據陡崖倚高岡水泉噴勃以出下激平地又渦旋不即逝曲谷澤隰沈陰積潦風雨霪霖經旬累月水多沈澱之質又山中楸葉殞落溪中性最毒烈服食久之人多手指粗腫筋骨拘

股臂弓曲或頸際突出漊落加皰面膚無血色多疾婦女尤甚內地移來不易服居近年以來草萊漸闢猶爲愈也燃料多用木柴東南山中多設木廠伐木製材之餘截爲劈柴暑雨方盛由大肚川及蝦蟆河散浮蔽流而下下流撈取之堆積如山城中賴以用之鄉閒木柴盈谷溢隘不可勝用間有燒爲木炭者燋煤則輸售異地燃燈俱用石油山中有用豆油引火用火柴及析多脂之老松爲片而助燃之地不愛寶美利所生生事之資孚乎未艾也

語言

輝境民籍龐雜四方聚處較之內地名物稱謂雖有不同之點不過以地分內外音辨重輕故致實同而名異物是而稱非所謂單獨方言固無有也按境內農民皆魯商民皆直無非魯直之語言也東南山中皆用魯語城鎮各處商賈

多用直語西北平原與夫城鎭之非商賈者則用地方語言句讀短促聲音重濁義意俚鄙普通似省城迤東各縣如往候曰串門工作曰做活山中謀生曰山利樂離婚曰打罷刀赴市曰赶集此地方之語言也至於類似他處之語言則更僕難終未能較列矣

外僑

本邑僑民全境不過四百五十人國籍則日與韓職業則農及商率以或受一廛而業典質或販賣嗸物或租田耕種爲務家室簡單來去亦易與地方治安尙無影響也計日僑十七人男九丁女八口韓僑七十八戶四百三十二人男二百四十九丁女二百四十三口云

人物

節婦

劉氏苗萬恒之妻母家團林子村氏幼嫺內訓適苗室以淑愼聞年十九歲時萬恒病故靑春孑遺白水盟心謹守閫範笑言不苟至於鶴髮盈頭而亮節彌堅鄉里巾幗實矜式之

姜氏朱鴻聲之室氏二十二歲鴻聲長逝朱本巨室族大丁多鴻聲又以冢子承家氏纘夫緒失志守節翁姑娣姒事畜維周家政中饋一由氏擘畫之老幼罔不悅服現年五十二歲三十年亮節人無閒言云

張氏適尤室年二十五歲夫萬財物化氏方中年張氏故貧茹苦守志掘羅自給野蔬充膳落葉添薪三旬九食而不易氷霜之操黨閭重之

二王氏輝發城白室婦而娣姒者兄福弟祿先後以中年溘逝二王分辛同苦互勵堅貞翁姑老以喪子之故精爽昏亂喜怒無恒王事之斑綵承歡一如福祿生時數十年如一日遠近稱爲白室二節說者榮之

張氏焉祿內助也持家勤儉尤尙貞堅二十六歲時夫故遺子太昌方六齡零丁孤苦無父何怙氏撫孤漸長教養兼盡底於成立家道中興現年五十五歲

韓氏太平溝士祥之女幼寡言笑勤工作日助母具餐飯夜則挑燈縫紉深居簡出非戚族罕覿面者二十一歲于歸邑人張彬事姑相夫惟敬惟順逾五年舉一男而彬卒氏從容營喪貌若不甚戚者然累日不食家人解之不應終不食幾憊矣姑謂之曰予年已六十矣子已亡朝夕所依惟媳與孫耳汝必殉夫者老朽塡溝壑不足惜弱息失母未必成長如張氏宗祧何也氏悚然起失以

事親撫孤自在其後理家如故而終歲無笑容定省面親則怡怡如也又八年姑歿子漸長教之讀以振家聲絕緒再昌懿範益固今年六十有三諸孫繞膝扶老承歡天之所以報施善人固不爽歟

趙氏母家平安川適于室二十七歲時夫與齡染疴而逝氏承先業撫遺孤底於藐孤成立衰祚中昌以全節終

鄒氏適王世有爲室二十七歲時夫故家道衰落度日維艱氏堅貞厥守勞十指以謀衣食教養繼子以緜似續一生大節人無閒言

吳氏適輝發城楊室三十歲時夫百齡故撫育遺孤教養成立柏舟之節永矢弗諼

白氏苗萬恒之妻三十歲夫故教養遺孤備嘗艱苦堅卓之操始終不渝

林氏王振升妻也槃匜恭謹克盡婦職三十六歲時夫故遺腹未卜男女痛不欲生繼思如生男爲夫續宗祧血食尤重於硜硜溝瀆也乃負痛獨活井臼自給既而果生男教之勤儉孝義克繼父志至於成立現年五十五歲譬於松柏歲晚不凋云

孝子

洪福壽原籍熊岳人也甲午之戰避兵燹奉母來輝遂家焉初外兵由遼東灣登陸至於熊岳憑陵所至人民蕩析福壽母某氏老且憊福壽盡棄所有負母逃匿東北摩天嶺山谷中飢不得食出覓人烟入避兵火展轉於遼東者數月孝子恒終日飢得食輒以奉母兵事漸及東方本溪興京之間馴至亦成戰場孝子身亦罷覓得小車載母而挽之折而北出柳邊度龍岡越柳河陸行千里

至於輝發乃得避秦居民義之庇厦以居裹糧相餽而驚頓之餘母益病福壽益敗平居不苟受賜必耕鑿以奉母母艱有步履出入溲溺必負戴之至於汚孝子衣而不厭母歿哀毀幾殆嗚呼可以風矣

焉福業農生有至性事親尤孝怡色柔聲曲承歡意率妻子作山中鋤禾日午汗滴隴間輒奔歸視其親家人茹粗糲而每以甘旨奉親父老病沈緜牀孝子衣不解帶口嘗湯葯以進者數月溲汚輒手滌之不令妻子執役必躬親乃已其孝誠人所難也

外宦

薛德履字仲和直隸獲鹿人淸季附生宣統元年奉天總督錫良由山西知州奏調派爲輝南廳設治委員翌年授輝南同知時當設治伊始凡百設施悉心

擘畫事必躬親日不暇給縣境東隣濛江山深林茂久爲盜藪公乃督練巡預各警勤防並施俘獲嚴懲執法不阿治輝未半載雷厲風行聲威所播羣盜遠遁境內肅清乃徠墾戶以闢田疇設學校以興絃歌而復捐廉購書頒賞學子以策進益其勤政有如此者每逢節序風日清佳輒延致田間父老衣褐白髮者集於公堂温語勞之殷殷詢民間疾苦諄諄戒以孝悌教其子弟惟其能親民以誠導民以義故民無不奮而爲善政易舉而惠易施也三年春以勞致疾辭職去百姓攀轅遮道遠送三十餘里至輝發江上猶不能別公揮手曰去矣若各勉於爲善何恤乎離也迄今遺愛猶在人心云

徐星朗字奎五遼陽縣人民國紀元秋到任明達幹練知人善任政無不舉公以縣處邊陲盜賊時起若不爲關禦暴一旦捲土而來如入無人之境乃籌欵

築城以爲屏藩又通融闤法藉以振興市面於是商民安於垣堵豪强納於軌物緬懷往蹟無不歎樂業安居之有自云

鄭步蟾字萊仙江西上饒人性恬靜蒞任伊始值旱荒飢民浮動公悉心籌劃賑濟安輯卒致平定適省令地畝悉以中則納賦不獨澆薄公以輝邑地瘠民貧如令升則細民何以堪命乃不畏觸忤詳情陳籲請予獨免幸邀省憲俞允酌量辦理鄉曲受惠至今頌之

趙鵬第字孟南京兆大興籍民國六年春由鳳城稅捐局長權攝縣篆下車聿始整飭庶政不遺餘力每慨於縣境僻處一隅落甯闢歲或不稔民食堪虞乃仿古義倉制積穀備荒迄今四鄉倉穀庾敖猶存而編氓無憂於荒歉者公之力也又以匪警時發消息不靈乃及士紳籌鉅欵設置電話慘淡經營卒底

於成凡其靡朝靡夕不辭鞅掌者皆所以爲民也嘗謂承憲命膺民社而不能庇民者得無有媿於中乎四民聞之踴躍奮激及其辭去空巷走送不欲其行

王瑞芝字輯五山西太原籍奉天法政專門學校畢業民國八年夏到任性明敏勤聽斷求民之瘼知境内民居星散匪警難備乃毅然行歸幷屯堡之策派員試辦成效卓著又以縣境利源盡在東南而交通梗塞不易振興乃籌欵萬元開通濛江孔道規畫遠大商民實利賴之仁惠既施輿情日洽農工商賈踴躍其業又思有以宣其和慰其勞特於縣署東北隙地闢爲公園池塘亭榭花木禽魚深邃幽曲與民同樂公又好學聽政之餘手不釋卷輝南風土志公所手著也

費光國字英庭直隸灤陽孝廉也民國十一年由鳳城調任來輝下車伊始詢

民疾苦凡勞民之政悉予緩辦不避愆譴卒以此忤上意解職去雖在任未久而民情愛戴有細侯再來之盼云

王杍字寄靑遼陽人也民國十一年蒞任明斷有爲勞怨不避地方宿獎次第廓淸時値巨匪任意均侵境聲勢浩大人心洶懼朝夕不保公以積存罰欵呈請留用編制礮隊隨方備禦縣城賴以保全威力所震四郊亦無巨創公之惠也輝南設治未久文廟闕然公以聖道關繫世道人心者至深且鉅堂陛不修將靑衿佻達見於城隅莘莘士子何所景仰遂多方募欵鳩工力作未及蕆事解去其行止果決有如是者

白純義字仲方興京縣人北京國立法政專門學校法律本科畢業奉天高等文官攷試及第民國十三年秋攝篆來邑器識洪深守爲兼優時値旱荒民食

既缺春耕難望籌畫貸欵心力交瘁赴省籲請卒將儲蓄會分會移來駐輝民賴接濟四野騰歡田呼續命奉直兩役徵夫發車羽電紛馳急如星火乃能不避威怒減少徵數惠逮細民十四年田畝檢舉案省令森嚴竟寢不肯發以爲窮黎負郭之田山水各半災異頻仍賦徭應供之外其餘幾何而檢舉未行保惠實多所謂他郡自有青州獨無堪媲美焉股匪任意均竄擾縣境實懷巨測乃指揮勦防深夜獨出稽詰守備匪不得逞翌年受撫民頗被擾毅然與敢降委員樽俎折衝嚴立條件卒賴庇護又後先修建文廟籌欵立師範學校倡修縣志及創圖書館重文化惠工商郵窮民制小醜犖犖大端俱可數也

鄉宦

楊雲輝字子林花翎同知銜光緒初年總辦吉林東邊荒務旋任延吉廳同知

轉升長春府知府未及接篆以丁艱故携眷返籍後遂高隱林下當其治延吉時處煩劇之區理荒陲之政措置咸宜頗負政聲云

楊顯靑字蔚藍靑俯生光復後留學東瀛肄習政治歸國充東豐縣教育所長被選爲省議會議員任滿被擢爲莊河縣稅捐局局長嗣被選爲參議院議員

賈安亞字卓霖直隸優級師範學校畢業蒿目時艱投筆從戎由黑龍江省督軍署副官轉任吉林陸軍營長旋升團長

朱文達樓街人由軍功保候選知縣

姜毓靈樓街人例捐候選縣丞

白世際團林子人例捐候選府經歷

李華春字芳園吉林法政學校畢業後充律師應奉天法官考試及第銓授輿

京縣公署承審員

任逃言字振聲前清五品軍功保奬警佐歷充捕盜營哨官及警察所長所向奮勇盜寇披靡市城治安實資鎮懾者垂二十載民國十一年冬任意均匪首徐鴻泰率黨羽破烏拉陷伊通入山城孤山等鎮疾風掃葉所過一空縣城戒嚴達旦不寐會歲暮稍靜陸軍駐城衆一營與地方兵隊齟齬乃調警察游擊隊駐大塲園逃言時任警察所長赴點閱未既事探報馳至任匪千七八百人長驅而下逃言率警兵七十人迎擊出其不意前部辟易退數里俄而大隊擁至圍官兵於曠野雪地中飛彈雨集逃言奮臂酣戰汗涔涔下日向暮圍益急士卒弱者至欲擁逃言去逃言曰汝儕不見吾人被圍於某酒商院中者二十餘名吾去彼無孑遺矣南岡吾去路速據之毋爲匪奪可生還也匪奪岡數次

悉被逃言遙擊紛墜是時官兵救死扶傷左右儘四五人知勢不敵乃踞伏雪中回身迎擊逆退突圍漸退漸行破酒商院拔被圍兵出循岡而還時已黃昏矣是仗自午至夕歷六小時兵亡六名傷九名悉扶負以歸匪之本意欲掠縣城死傷三十餘人射用鎗彈四萬餘粒受此巨創知逃言不易與改逕南去獨逃言於士卒紛踏之際挺身力戰卒遏凶鋒非健者孰能之

白玉田字閣臣前充東北陸軍二十五旅步兵第八團團部軍需長現充東北陸軍司令部上校諮議

白雲龍字鳳五前充東北陸軍二十五旅第八團團部上尉副官現充鎮威上將軍公署軍需處少校辦事員

白雲祥字瑞五前充奉天兵站處少校委員及駐關內東北陸軍檢查服裝上

校委員奉天陸軍被服廠第二科少校科員現充奉天東北陸軍被服廠上校
探辦主任兼充東北陸軍第八師司令部上校諮議京師軍警督察處諮議陸
軍三等軍需正五等文虎勳章王毓璋字潤璞現充京師衛戍總司令部中校
副官
趙廣善字子元前清漢軍引見驍騎校任海龍總管衙門兵司主稿民國改元
改充警察所總務股員
王英魁字紫垣前清五品頂戴歷任海城縣捕盜營外委及海龍廳外委
王玉祥字環璞初充警察區官既而升吉林陸軍團部附官轉任騎兵連長晉
陞營長
趙錫俊字惠卿前清漢軍驍騎校民國十三年充吉林陸軍獨立團團部軍需

長
高國藩字樹封奉天講武堂畢業充機關槍連長轉陞營長改任陸軍第二十七旅參謀長

慈善

撫濟賑郵官府之美惠搢紳之餘力於鰥寡孤獨及殘廢失業窮老無告者本社會互助人類同情之義而援助其生活於是有慈善事業之組織輝南設治未久民生狀態較易維持而四方來居者皆膂力方剛之輩耕鑿自給無虞匱乏之間有少數廢老煢孑之人而比隣餉饋亦免餓莩地不愛寶民生在勤社會民衆生活之能力綽有餘裕故除爲內地水旱兵燹募賑而外地方慈善事業尙無所組織也官憲所辦含有慈善性質者有教養工廠紳耆之急於公益而

負慈善之聲者則有龐紫巖云

龐紫巖邑西二區人慷慨好義力善不倦目擊貧家子弟無力就學乃於樓街設義塾一處師資雜費獨力擔負備凡來學者分文不索自清季迄民國初元地方學校創設之時歷十年之久教授學生數百人迄今人猶稱之

教養工廠附

輝南教養工廠設縣署西院民國八年成立專事收容游民教以工藝以清鄉罰金作爲經費民國十二年奉令停辦當以地方游民未盡就業呈准續辦招集各區長議决改組由地畝抽小洋四千元爲開辦經費以行政罰金扣留五成補助囚糧勘解之欵酌撥膳費由警所暫爲兼理以衛生警察爲看守收容執行期滿之誘竊訛騙烟賭各輕罪犯管理内設廠長一人及司事看守工師

各一人習藝分設縫紉造鞋印刷編織洗濯等科

藝術

輝邑設治以來百工居肆以成其事形上爲道形下爲器肆而習之亦各有人醫卜星相皆爲餬口計求其擅一技之長以藝術鳴者蓋不可多得僅就醫業書法可稱者各一人爲述之

柴萬昌字東圃二區樓街人精通醫理遠近知名每遇沈疴着手立起挾其術遨遊東邊活人無算其醫病以認脉爲第一要訣認藥次之研論入微懸壺之士罕有出其右者

劉樹藩字績卿縣城人長於書法初學歐繼習柳而楷書似眞卿筆力遒勁喜爲人作書城鎭各處市招匾額多出其手

藝文

摺奏

奏請設治輝南直隸廳於大肚川摺

徐世昌
唐少儀

竊惟奉省州縣自庚子以後增析已多然仍有邊郡廣袤夙爲逋藪蒙荒新墾亟望民官或海島孤懸未定地方管轄或商埠重要猶無行政之機關以及井地不均經界未正均應裒多益寡以垂久遠之經臣蒞東兩年悉心規畫謹將奉省增治改治並一切劃界事宜敬爲我皇上縷陳之一曰海龍府析設廳治海龍東南與吉省濛江毗連森林叢密從前本係鮮圍間有山田當光緒四年全行放墾乃庚子變亂民居焚掠殆盡嗣廳升爲府西北設西豐西安東平等縣獨東南一帶猶多伏奔逃戶畏阻不歸臣擬於距府一百里之大肚川設一

直隸廳以資招撫查海龍共三十六社析其東南八社而以窩集河一統河爲府廳之界該廳全境在輝發江之南擬名曰輝南直隸廳即遴員試辦此輝南廳設治之實在情形也

奏請將輝南廳治移設謝家店摺　錫良　程德全

奏爲移設廳治並修建衙署各情形恭摺仰祈聖鑒事竊奉省海龍府屬新設輝南廳治業經前督撫臣將辦理各節並在大肚川設治情形彙案具報在案茲據民政使張元奇呈稱原定該廳設治大肚川地方局勢逼仄不敷展布山路崎嶇交通不便迭據該府及設治委員往還履勘擬改於距府東南九十里之謝家店設治該處爲輝境適中之地四面山環水抱其中平坦西南爲赴柳河大路東北爲赴磐石衙衢正東係濛江要途西北通海龍府治四通八達人

民易於招集商賈便於往來洵屬全境最優地點等情並由該府廳稟請撥款建署以資鎮懾等情前來臣等再三審核所稟確係實情請即准將輝南廳治移設謝家店以規久遠至請款建署一節查奉省奏定章程凡建築州縣衙署准給銀五千五百兩監獄給銀一千五百兩現在輝南廳係屬新設自應按照辦理統計衙署監獄兩項工程共需銀七千兩當經飭由度支司查照撥發作正開銷並飭設治員趕速估修核實動用不得稍有浮冒以符定額而循向章除分別咨部查照外所有輝南移設廳治並撥款建築衙署監獄緣由理合恭摺具陳伏乞皇上聖鑒訓示謹奏

奏請試辦輝南直隸廳設治委員薛德履改爲署

理同知片奏

再查奉省前因蒙荒增闢邊境空虛經調督臣徐世昌暨臣察度情形先後奏請添設輝南直隸廳同知並聲明先行派員試辦如能勝任再請補署情形仰蒙允准在案兹查試辦輝南直隸廳同知設治委員奏調山西補用直隸州知州薛德履在該設治處所凡應行籌備事項經營締造成績昭彰委辦已滿一年自應改爲署理據民政使張元奇呈請具奏前來臣查該員薛德履明敏篤實勤奮有爲堪以改爲署理仍由臣隨時考察如果稱識再行奏請補授相應請旨飭部立案以重地方而專官守除咨部外理合附片具陳伏乞聖鑒謹奏

序記

輝南公園序

里飛萬鵬翼海城

天地一大公園也盡世界人之把覽而未有以爲小者公園一小天地也假朝

夕之優游而實足以資其大者以大寓小可取萬物而納諸方寸以小喻大可達上下而通乎古今明小大之理而極其用者惟至人乃能之余以淸鄉來輝訪政俗於井里無耄壯婦稚僉曰吾邑宰王公賢父母也吾因得聞其美焉輝南境僻風純而待舉之事多王公既臨斯土乃手闢草萊躬播政教勞而彌勤如建孔廟以崇德教祀關岳以勸忠義興學校以育人材集屯堡以防匪患他如設農會獎林業廣商塲厲警甲開社講演無一非樹本培風公於聽訟之暇尤能諮請野老以温語求民疾苦蓋公以民有隱甚己之隱民有憂甚己之憂必欲得其隱而釋其憂然後公乃快公愛民既深牧民斯勤因念吾勞矣吾之農亦必勞於田吾之工商亦必勞於市當思有以弛佚寬濟使默滋潛化於不覺也於是公展署北隙地理其荒穢敷爲公園地雖方畝而亭池花木備焉足

供輝民游眺輝之民見公游樂輝民亦樂然公豈先民而樂者特先此樂以樂其民耳吾游來輝既聞公政復游公園得公之美如此雖然此猶公之小試非公大猷假使公得行其道其惠施未可以輝之百里計更未可以此方畝之園計也

設立屯堡記

王瑞之

古者五家爲比五比爲閭進而至於族黨州鄉類皆出入相友守望相助家有比鄰之樂野無犬吠之警此風淸俗美物阜民安後人所以稱爲盛世也我輝南地僅八社山深林密戶口零落其初原係海龍之一隅洎宣統二年開爲縣治人口始稍稍盛然居其地者率皆客籍每因田爲廬希圖自便久之成爲風俗此行彼效無地不然環顧四境訖無三五成鄰者秋深木落猶可稍安一旦

青紗幛起富者畏其綁掠逃居城鎮棄田廬而不顧貧者無力遷移只得坐受其蹂躪若不設法以安之哀我小民其何以堪瑞之於民國八年秋來守斯土憫人民之顚覆憤寇盜之縱橫乃毅然稟商各大憲首倡淸鄉治本之計俾人民彷照內地均聚旋而居化散爲整寇來則集衆以禦之賊去則合力以守之此雖不足言弭盜然可以嚴巡查可以便連坐且比隣而處動作皆知並可絕其窩匪通匪之患較之星散棋布無援無助者其利害得失不待智者而知也於去歲七月間已招集各區長甲長令其各擇適中地點劃分號數任各戶自行報領然非常之舉黎民懼焉創始之事黎民難焉乃復特派專員以專責成並隨時宣演其有無屯堡之利害俾一般人民確知其有益於己非官府好爲更張而故爲此擾民之舉也戶數不必其太多以該處戶口之多寡爲準距離

不嫌其過密以四週田地之遠近爲衡今甫及期年綜計全境前後已設立屯基三百四十五處歸併民戶四千三百九十九戶放領屯基一萬一千三百二十二畝五分然此其已然之事也其餘陸續添置者尚不知凡幾雖各屯房間尚未能一律蓋齊然但觀其呈報之初類皆爭先恐後其從民之所欲可知民心之厭亂又可知但無人爲之籌防禦策治安故其害猶至今而不絕今屯已成矣功已竣矣吾知欲保全治安者見瑞之此舉必喜其不便於私圖者聞瑞之此舉必怨喜者必將譽我怨我者必將毁我然瑞之爲多數籌安全而不爲一人計利害故譽我者不以其譽而喜即毁我者亦不以其毁而沮計惟有任勞任怨繼續進行必達其目的而後已至爲功爲過則聽諸他人而瑞之則未敢自較云

輝南公園記

王瑞之

輝南本前清鮮圍場光緒四年乃闢荊斬棘度地居民宣統二年始設治於謝家店境東南峯巒叢雜林壑深邃西北輝發江環繞如帶縣城基址橫廣數千畝軒露開爽左龍首右鳳頂排闥並峙盤紆合沓頗據形勢余於己未夏來守斯土攬山川之靈秀物產之富饒人民之醇樸有蒸蒸日上之勢爰刻意經營力謀生阜甫週歲田野大闢貨財日聚商賈藏於市行旅出於塗襁往熙來民用康樂因思芸芸有衆終歲勞苦宜有以佚之縣署東北隅有隙地荒廢久雜樹生焉勢稍徧轉而見深可資遊覽乃於本年春撥工修繕相其勢植嘉木就小渚爲曲池中栽菰蓮上圍蒲柳畚土爲埠樹石狀山高逾仞上建茅亭登眺則林莽川阿蔚然列目浮水爲榭通以野彴因勢而利用云彌月工畢皆罪犯

力未役一民用錢七百餘元爲余之俸餘及士民之資助其銜名坊以表之事竣庶民來游者踵相接入門勿禁物我俱忘蓋取古人治園囿之義與邑人同其樂也雖此園之闢置不過粗立基緒今後輝邑日興月盛則此方里之囿民以爲小也必然開拓而踵修之是則有待於後之君子

輝南公園記

李猶龍秋舫

粤攷金谷芳園名傳石崇華林勝境著自昭文雖其間樓台森列花竹繽紛亦足誇耀於一時然只供一人之豫樂而公衆不得涉其地洎時過境遷而湮沒隨之此私也而非公也我輝南設治伊始市井蕭條凡百建築多未暇及自監督王公輯五榮任於斯闤闠始日見興盛顧而樂之乃會商各界於署後隙地闢公園一所疊石爲山引流成池建亭榭植花卉以備遊人之飲讌以資士女

之流覽規模雖不甚宏敞然奇葩玉蕋翠鳥金魚凡可以借點綴園林之景色者搜羅殆無不盡公於聽政之暇携二三僚友來遊於此因得與城鄉父老詢民間之疾苦話閭里之桑麻藉以資考鏡證得失上下無猜熙往攘來是此園不第供人民之遊觀亦問俗觀風之一助也公之惠溥矣公之意深矣以此園爲鄭之鄉校也可以此園爲周之靈台也亦無不可其一應花費均募自捐助不事公欵計自春徂秋九閱月而功始成因見公之一動一作無在不與輝民之疴癢相關故次其巓末以誌園之所由成并見公之樂民之樂云

輝南公園記

姜炳元初平

輝邑爲佳氣所鍾左龍右鳳排闥送青天演一副好圖畫也惟是名地必借名人而傳蘭亭不遇右軍縱茂林修竹亦或埋沒於空山矣署之東北本一隙地

已未夏王公來守斯土既與斯民相見以誠因闢爲公園掘泉爲池架木爲亭築土爲山荒凉之場一變而爲名區蓋隱然一小蓬萊焉夫歐陽醉翁亭東坡超然臺古來循良吏何嘗不於公暇之餘寄情山水公與宿賢相輝映也以仁民之恩推及於愛物即一花一草亦含祥和而吐氣從先憂之意推及後樂即匹夫匹婦亦向塘坳而輸誠不必拘拘於一園而公之襟期已納萬物於在宥縮天地於方寸矣稽公之築斯園也由捐廉而成而公之遊斯園也或累旬不見不過推同樂之意以與民偕樂豈必壯魚鳥之極觀侈花石之奇珍哉然而民之愛公見夫柳暗花名莫不曰是我公之手植也見夫溪深魚肥莫不曰是我公之好生也彼夫靈囿靈沼何嘗不由民力而成而頌揚盛德至不歸功於閒閻而推美於我侯豈好諛哉蓋官民一體上下感召之氣有由然也至園林

之景色名人之迹備矣姑不贅

遊輝南八景記

關慶元仁夫遼陽

歲在丙寅春秋之時携友二三遊夫輝南山水鄉人告余曰全境有八景焉且往觀乎余應之曰可斯時也天朗氣清仰觀俯察洵訏且樂於是出城數里左登龍首之山長白之脈石壁松陰交相掩映如笑如妝最足可人右陟鳳鳴之頂奇峯秀出東觀海日西望龍城夕照朝霞金碧輝煌映帶左右又行東南四五十里有青頂高峯爲全境諸山之冠層巒聳翠上出重霄積雪堅冰下臨無地玉山朗朗潤水溶溶林巒尤美蔚然而深秀也由青頂以還其山脈蜿蜒而來其勢則或起或伏突有虎迷山焉深藏虎穴仰見山靈雙出龍泉足覘水秀當隆冬而不氷莫能名其溫潤歷盛暑而不竭猶足徵其清涼汨汨源源不舍

晝夜飲之洌而甘銘爲醴泉誰曰不宜繼而東行百里之遥至老龍岡之巔龍潭在其上方六七里水深無際四圍則石壁流丹滿山則松林漾碧萬壑濤聲山鳴谷應別饒佳趣由是北折登扈爾奇山古輝發築城地也一頃平地三面臨江每現山市恍若蓬萊城垣樓閣縹緲雲中雉堞女墻徘徊眼底實輝發之大觀也又北行六七里有點將台焉山高數丈臺闊數武聖主駐蹕點將策勳迄今夜月登臨猶可想見其遺烈也未幾倦遊思返緩緩言歸渡輝發江登紫霞嶺則見縣亘數里狀若盤蛇倚伏千里勢同奔馬來往行人不減山陰道上朝夕煙景恰似天然圖畫覽邊城之美景羨輝邑之鍾靈不有記述則奇觀佳景蕪沒於空山矣筆之書以誌不忘云爾

論說

自由離婚論

李猶龍

婚姻之道一成不變者也蓋父母命之媒妁定之即極之困阨流離而其盟約決不可以或易世固有夫已故而守節以終者有夫甫沒而仗義以殉者更有摽梅未及寡鵠生悲即誓同穴而不更字他人者或勸之則斷髮以誓人或迫之則截耳以自明志節凜若冰霜貞操堅乎金石此賢婦烈女所以流芳千古也乃今閱各城案卷自由結婚者亦所時有其自由離婚者則指不勝屈而官府不察輒揚自由離婚之律判其兩離遂使一般婦女相沿相襲視爲固然此或嫌貧而愛富彼或厭故而喜新一訴再訴不違其目的而不止變恩愛爲仇讐視夫婦如奕棋蔓草零露之風愈趨而愈烈者皆自由二字階之厲也或云此法本自西人蓋以世之婦女往往不慊其夫但紅絲一繫莫可奈何亦惟有

斷腸鬱鬱以終已耳苟不稍假以自由其於尊崇女權之謂何不知西人道德之心重於情慾間有以性情不合而自由離婚者然以皆雙方同意未有如我國之一經反目即下機而去棄子女而不顧甘妾媵而不恥較之文君夜奔紅拂潛逃其情更有難堪者語云婦德無厭此法若行凡寡廉鮮恥者將一醮再醮而不可復制是家貧貌寢者永無白首之望矣與子之自由叛父臣之自由叛君何以異之三綱淪而五常斁有立法之責者其亦念及此焉否耶

碑文

白仲方監督德政碑　　于龍辰 李碩夫 合撰

夫茹惠銘恩含生大性體仁戴德品物恒情是以霑風雨之滋者猶含和而吐氣資江河之潤者且沃若以生輝矧君子化行如風被草小人引領以口爲碑

當此地異南陽鞭笞莫辱國臨渤海繩亂堪虞則有袁宏雅化奚庸安石揚風仲達清標何事任棠置水比之借寇恂於河内盜賊悉降以蔡彤守遼東風塵不起敷政三年循聲四達如我邑侯白公仲方者英華外發清明内昭鯉庭承訓暢家學之淵源燕市蜚聲冠膠庠之俊秀粤際强仕之年適當登庸之日槖筆陪都捷文官之試下車輝發膺民社之司溯公於民國十三年秋來宰輝南吾邑地處邊陲夙爲盜藪地瘠民貧風俗陋敝於時萑苻之衆方嘅如毛捐賦所徵已憂無米而爨者所發公欵存條積欠鉅萬兑還無措益以荒旱爲災秋收鋭減公私交困商民俱艱無論省頒條教所列之諸新政之無力舉也即燃眉之急亦非易濟者公以有猷有爲之資利興弊革樹治本治標之的雷厲風行接篆彌月吉匪千餘來逼縣城大有儳然不可終日之勢公戎衣躍馬仗劍

登陴指揮佈防攻守兼施匪懼而迂道西出破入朝陽鎮公且馳騎往援以惠鄰封自是吉匪受創相率遠避而地方小醜亦復跳梁公飭警甲厲行清鄉派員偵緝執獲鞫訊戮正懲從爬梳掃蕩宿垢一清正謀剔厥根株而東邊鎮守使委員來輝招撫矣匪酋徐鴻泰投誠伊始心存疑貳其衆利駐縣城以便挾制公密查其隱爰飭警甲堅防以備不虞指令其衆屯駐大肚川與專員及匪酋力爭聲色俱厲以野心未革之輩順逆靡常激或生變旁觀者方爲公憂而公聲氣愈壯卒奪其意使之伏從則輝城十數年藴儲之精華不致爲降卒耗敗且保今日熙來攘往之盛者皆公一言之所賜也比其部曲移調也則小醜既摧大盜已戢而風聲鶴唳之區一旦環堵安枕矣公遂剔獘尅實整頓雜捐收入漸豐彌補自易而公欵存條一時畢兌舉累年之積虧一掃而空且至是

以十有三萬之預算增至三十萬有奇今則又增一倍矣則杼柚其空之公欵一旦貫朽粟陳矣公欵既裕公遂鋭意興學初輝境學校僅十有五至今添設三十餘校增級不可數計窮鄉僻壤普及絃歌且飾聖廟之門墻肅春秋之祀典修縣志以存文獻備圖書以餉士人此公之興教育啓文化也初輝邑試行區村制以人選問題呈請停止公以自治攸關輝民何讓力請續辦矜意措施而上下無壅閡之虞官民收佐治之效且村會供應嚴加限制鄉民擔負於以減輕而輝邑自治之運於以中興縉紳婦孺實稱頌之此公之復區村以臻自治也溯公涖輝之秋承累年水旱之餘明春商民窮困幾不聊生公乃電商省垣儲蓄會貸欵接濟未果躬往與議力竭聲嘶卒抵於成而農興於隴畝商懋於市廛至是金融鬆活田闢人集軌路密邇向所束手欲棄之石田今則寸畝

千金爭相購置而地方貧富之機因以幹轉惠詎一時海潤千里此公之貸欵濟急而農困商艱永世倶蘇也若其積倉穀倡水田修道路試醫生勸薙髮禁纏足限早婚斥離異而備荒交通並舉衛生風俗兼重矣至公之率屬也大法小廉吏役不假事權僚幕尤重氣節公之聽訟也隱僞輸誠叛處皆當於律死生各得其情夫皆盛德有以被之是以三載考績上曰賢能四民騰歡咸稱德惠紳民等托少陵庇寒之厦食青州續命之田如潤江河實霑風雨歌叔度之來暮誦國僑而難忘挹邑侯之蘭芬如瞻冬日抒野人之芹獻用勒貞珉

詩賦

輝發城懷古詩

清高宗乾隆

昔輝發貝勒拜音達里持兩端於我朝及葉赫之間屢背姻盟因山築城凡

三層以自固我太祖一舉而平之至今經其城仰神威之如昨勵愼守於無疆因爲詩曰天敎草昧起英雄開創艱難自大東剗削蓬蒿基景運馳驅險阻立豐功渝盟徒恃營三窟不戰惟勞舉一戎荒堵秋風懷昔日欽承統緒凜予衷

登輝發故城再賦

輝發河東[illegible]崣峯云是當年征戰處拜音達里擾王師築城三遭守險固質臣取還婚弗娶潛與葉赫通盟屢患在肘腋弗剪除堂堂大業何由樹我師神武眞天人一時龍虎風雲附師興五日破堅城殲魁誘脅爲臣庶即今旗籍那拉氏百年世祿被恩遇我來仰烈憶草創撫蹟應親攬艱劇威呼雙槳渡溪河彼岸候馬亂流渡葦蘩蔽騎披冒過其下浸謠盡沮洳山從人面起巇峨仰不見

天密林櫨策騎巡尋歷其巔雉堞久壞蔓草護故老無能爲我言敬觀綿造披實錄徒見山高水深慨懷哉久安長治故從臣謂我今日勞較昔如何莫輕語

行圍輝發詩　清聖祖康熙

鐵馬金戈百戰時戎衣辛苦首開基榻邊鼾睡聲先定始布中原一著棋

輝發城懷古　蓋彤誥錫弓

石壁環江幾度秋寒鴉古木陣雲收兵連九國餘空壘烽靖三邊讓勝籌弓馬聲威傳北極將臺形勢枕車流興亡如彼今何在山水依然空自留

庚申早秋賀輯五大令經始輝南公園落成之慶時在柳河途次　里飛萬

別來時幾何泛迹如孤舟崎嶇經柳河獨爲仗劍遊北登靑嶺頂南越黑石頭

叢莽夾迴溪，奔崖挾溢湫。暴客藏其間，險惡不敢留。鳥道奮躋攀，酷暑汗難收。

叢莽夾迴溪奔崖挾溢湫暴客藏其間險惡不敢留鳥道奮躋攀酷暑汗難收
塵碌無停踪自笑何所求忽然得子書讀之意暢悠言闢小平泉不讓金谷幽
有山不在高鞏以助子修有水不在深淸以鑑子猷更有亭翼然樂與民息休
元之君黃岡城上起竹樓右軍集蘭亭觴詠極勸酬前賢舉措微後世仰風流
雖卓於廊廟託志在壑邱當時偶經營傳頌及千秋輝縣非洛陽漸覺花事稠
定知評訟餘往聽里巷謳媿我方勞勞趨步若馬牛退少負郭田進虞多獲尤
德業日就荒徒與世沈浮何嘗遇名園與子相綢繆陶然共舉杯談笑以忘憂

輝發八景詩

關慶元

龍山夕照

長白支山脉蜿蜒勢若龍晴嵐連大野夕照掛高峯皎潔重巖雪濃靑萬壑松

城門相掩映壁立似雲封

鳳頂朝霞

附城鳳頂好奇峯秀出西南佳氣濃旭日光華開世界朝霞燦爛豁心胸滿街樓閣輝金碧近水山林現玉容盛世來儀曾獻瑞人民三祝拜堯封

菰米雙流

縣邑西偏名勝傳龍潭虎穴說從前幾經疊疊蜿蜒路別有雙雙瀑布泉冬不凝分署不竭酒堪釀矣茶堪煎莫言邊地無仙境水秀山靈又一天

龍潭松韻

崗阜東南勝松陰接碧嵐傍臨伏虎穴上有老龍潭萬壑琴音聽重淵月色含山深林密裡隱隱住僧庵

青巖積雪

崇巒峭壁可摩天青頂高峯獨占先林密干霄曾蔽日巖深積雪幾經年玉山朗朗明如鏡藍水深深靜在淵遥憶東風能解凍四圍盤道盡飛泉

紫嶺行人

嶺長綿亘若常山車馬行人自往還古道荒村縹緲際朝霞暮紫有無間南連鳳嶺峯千仞東接蛟河水一灣底是天然眞美景憑欄遠眺畫圖殷

輝發山市

縹緲看山市雲中對影雙女眞稱古國扈爾傍輝江城堞驚心幻樓臺過影厖至今臨眺處春水響淙淙

將臺夜月

策勳懷駐蹕月夜上高臺山小平如砥墩高壯若堆輝江流貫注長白勢瀠洄
美景誠堪繪遨遊斯樂哉

龍山夕照　　劉順則卿譜

龍首山光迴不同況銜返照一山紅陰陽氣合凌空戰草木腥餘落日烘霞絢
身文成錦繡石堆鱗甲動玲瓏景雲吟出天邊月夜半巖前虎嘯風

鳳頂朝霞

猶是朝陽岡上明胡爲五彩鳳無聲餘霞繚繞蟠孤頂何日驚人聽一鳴

龍潭松韻

春潭草長綠生波水面無風鏡未磨携瑟試來松下坐老龍似解鼓靈和

菰米雙流

山名菰米畫圖看左右漁人把釣竿自在中流爲砥柱江河日下挽狂瀾

青巖積雪

雪滿危巖萬仞中空明一片色玲瓏寒威不爲青陽減絕頂猶鏖白戰雄薄暮烟凝前界紫迎春花發別山紅摩天峭壁極高處爪迹留泥踏去鴻

紫嶺行人

蜿蜒山路最崎嶇安步當車亦坦途天外斜陽紅上嶺一肩行李杖藜扶

輝發山市

輝發今猶部落全壯觀最足雨餘天水邊瀲灩山千仞雲裡喧囂市一廛綠訝蓬瀛三島樹青搖閭閻萬家烟秀靈脈足鍾長白扈爾奇峯萬古傳

將臺夜月

不是山行入定軍兵驚草木陣排雲登臺誰點干城將鶴唳風聲月裡聞

輝發江濱即事　李猶龍

遠木淡斜陽西風生古渡寄語舟中人莫忘來時路

責夢

一從仗策出邊荒無復情懷返故鄉歸夢不知人去恨夜來猶自回昌陽

豆溪即事

潮聲雜雨聲一夜西風急渡口採蓮船捲入蘆葦裡

無題

輕紅淡白燦仙葩十二闌干面面遮祇恨身輕不如燕無緣飛上海棠花夭桃

無主爲誰新開到此花正晚春寄語園丁好護惜移根莫使傍荊榛

讀書樂

柴扉獨掩靜無譁竹影淸搖漾碧紗紫燕雙棲春寂寂曉風吹送隔簾花
夜深獨步菊籬東縹緲螢光度碧空倚遍闌干題未得滿身香惹桂花風

舟中問答

柳影參差拂畫橋輕帆細雨送歸橈離亭一曲誰橫笛聽到陽關魂已銷

秋日即事

玉宇生寒署氣收疏烟淡抹夕陽秋花殘楓葉紅飄岸雪捲蘆花白滿州籬菊霜黏新月冷淸溪光浸碧雲流西風瑟瑟晚來急更喜蟲聲與耳謀

焚香薦士賦 以薦則焚香捧表再拜爲韻 白儒珍 字聘卿 興京縣人白縣長之父也

汲引人才登崇俊彥行則以忠居之無倦乃鞠躬兮望闕誓報君恩爰稽首以

朝天欽承帝眷憶鑒衡之不爽是眞卓識堪欽念推轂之無私實乃賢名獨擅同聲同氣天下士自相應相求一德一心古之人有特知特薦昔謝宗源官居諫議雅好多材以彰有德論道經邦求賢助國惟恐拘於私見志懍兢兢但求矢此公忠心常翼翼縱教盟諸天地不負君民即令質諸鬼神有裨社稷拔茅協吉儼然觀國之光勒鼎垂銘允矣維民之則彼蓋念祁奚而景仰懷鮑叔而情殷鄙哉竊位臧孫何如其知允矣同升公叔可以爲文恭修薦牘謹備香熏爾室虔心恍襲芝蘭之臭幽齋拱立如擕丹桂之芬市來駿骨之良羣空一顧爇以龍涎之美禮肅三薰七寶騰煙麝火移時不散五更待漏蘭膏繼晷而焚則見其七日戒三日齋香焚辟惡千人英百人俊士薦循良並非過爲謹恪不敢漫爲掄揚嚴絕苞苴之術謹陳拔擢之方念其才德兼優支撑宇宙羡其經

綸素裕燮理陰陽維是香鼎香花列中庭而供奉旋看香煙香氣環滿座而芬芳何須並設粢盛維豐且潔不必兼陳酒醴有飶其香維彼士也欽說命而道積厥躬佩皋謨而德成邁種吉稱藹藹洵可爲邦家光髦譽峩峩允宜爲師保奉虔祈默禱以期賢路永開明目達聰彌切上聞不壅今宵拜手惟欣藻鑒之清明日颺言不負鈞衡之重爰乃炙香檀於金鼎一團碧篆常凝猶如司香案於玉皇一朶紅雲高捧是以禮意殷勤香煙繚繞寶鴨生輝金猊徹曉王朝之輔弼堪稱帝世之贊襄克紹爲蒼生託福命志愈篤而愈恭爲赤子樹仁慈心益誠而益小祝斯人之果出斯民康乂可期願天子之登庸天下太平可兆虔誠致祝德惟貴而賢惟尊慷慨陳書言可坊而行可表况乎民望攸關帝心簡在品重當時名高百代因將履歷升聞定敎弓旌下逮薦其特達圭璋薦其調

和鼎鼐薦其耕莘爲侶聘幣可徵薦其釣渭爲儔後車可載薦其循行四國預知郇黍流膏薦其布政一方可卜召棠遺愛竭情盡慎自有初而克有終補過盡忠豈知進而不知退雲龍風虎同欣遇合有期鳳翥鸞翔莫歎遭逢難再於以焚香私室貽萬古之美名薦士公庭留千秋之佳話視夫告天之意乾惕交加原其報國之心靖恭匪懈聖天子懷茲軼事勵志精勤衆百官慕此芳型和衷敬戒寅階策士襲御香而象著離明午陛頒書宣佳士而交孚泰卦三台獻瑞咸欽黼黻皇猷百爾銘恩共仰清平世界遠小人而親君子主德英明除朋黨而進善良臣心耿介五雲耀彩左圖右史而書祥一炷清芬庶尹百僚而稱快棫樸作人之化感而遂通菁莪造士之風遠無弗屆四方俊傑咸參贊化於龍飛一介儒生敢對揚休以虎拜

楹聯

縣署大堂楹聯

考海國以披圖周肅愼漢挹婁唐靺鞨明扈倫三千年此界彼疆迨我朝一視同仁全消畛域

攬山川而設治左蛟河右駝峰背牛星面龍窟數百里沙環水聚冀他日鍾靈毓秀振起人文

縣署大堂楹聯　白純義

昔誰聚族來茲考古多疑縱曰挹婁曰靺鞨曰扈倫第是榛莽未除都屬夷酋游牧地

今我服官到此虛心求治願胥訓誥胥保惠胥教育敢當花封甫涖頓忘家相

課功箴

宜門聯　　白純義

棠舍乃觀瞻所係莫云舊貫須仍但得制用便公何妨棟宇增光象符大壯

荒陲以教養爲先況復新民有誥期開誠相見務獲絃歌奏績慶叶同人

大門聯　　白純義

藉名區而增韻事攬勝築堤愧乏香山雅度

飭吏治以紓民難安良除暴願追渤海高風

公園各亭聯　　王瑞之

能先憂能後樂則吾豈敢

一勺水一拳山與爾斯同

有水有山豈惟金谷華林堪稱勝境
可名可誌直媲醉翁喜雨略假優游　于龍辰

有客皆知心似水
此翁眞含醉名亭　李猶龍

池邊芳草靑三徑
檻外遙山碧四圍　于貴中

半畝芳塘蕩槳纔知添夜雨
千條弱柳臨風恰欲挽遊人　王毓琛

纔幾時古木荒凉到此頓成新世界
試轉過綠楊深處其中別有小洞天　江顯泰

聖廟各聯　　白純義

聖殿

建極咸慕時宜悟當日格物闕文預留此未洩菁華待近世技逞工能搆成新奇萬狀

立教自言無類看今番大同徵治更賴茲如神感被卜他年道周歐亞得見中外一家

參天地以論功綜觀帝制王謨共守範圍遵大法

普埏垓而佈化須令歐風美雨早消畛域慶同庥

大道戒索隱矜奇舉吾民食食衣衣日用遵行罔踰尼山學術聖衷重博施普濟

願斯世親親長長經綸發越共承洙泗心傳

崇聖祠

至德積久彌昌溯闕里家聲光昭聖緒

殊祥應時必顯崇素王功業瑞表前麻

兩廡

爲聖學作干城帝誥王謨賴宏文羽翼

向洪流支砥柱人心世道憑大力維持

起墜緒屏異端道德攸歸功參位育

闡微言承聖統心傳所寄學貫天人

建議

輝境地處極邊爲匪患最重之區無可言諱匪患不清邉論庶政雖經軍警連

年痛剿兼以收撫不惟未能肅清而反孕育蕃殖有增無減年復一年大有野火燒不盡春風吹又生之勢所以歷任以來莫不以剿匪爲急務茲將白公於民國十五年一月上省長條陳中對於治匪之政見錄後

上省長條陳

呈爲降隊拔防在即正宜厲行清鄉謹擬訂標本兼施辦法以期正本清源而除根株餘孽報乞

鑒核採擇事竊查奉省匪患莫甚于東邊捐搶燒殺民不堪命何以屢經軍警痛剿兼以收撫不惟未能肅清而反孕育蕃殖有增無減年復一年大有野火燒不盡春風吹又生之勢知事於十三年秋接家伊始東邊最著名之悍匪奎首五龍等已被丁團收撫僅有械彈不足人數之充屢受挫創不넘意均一股

於那爾轟一帶潛伏待機思逞知事一面勵行淸鄉以淸盜源一面調集警甲游擊山林各隊聯合痛勦不數日間而該匪嘯聚成千械彈亦復充足遂屢犯輝境終未得逞卒至逾途而陷朝陽鎭其械彈來源與嘯聚迅速誠有不可思議者當時奉直戰起地方空虛知事籌辦鄉團商團以衛閭閻又復改編警甲游擊隊以備勦擊一面調集警甲護守城池一面遣派隊伍防堵要隘籌欵以備犒賞購械以充軍寔幸年來警甲屢次與匪交綏均獲勝利惟未能蕩平殲滅寔屬內疚於心迨至去秋江浙事起陸軍拔防匪勢猖獗又復思逞知事復組鄉團騰出警甲改編游擊隊預備痛勦忽接收撫之耗以爲可以逐漸安謐詎匪徒下山擾害尤甚知事密令警甲遇有不法即行痛勦獲即法辦始稍振作日就安全似此年來無日不與彼匪徒相周旋患難餘生倍嘗艱苦匪患不

清庶政莫不受其影響現在東邊巨匪荏意均常山紅字以及其他小帮如要的好雙龍天順大中字野貓子等既已相率投誠則平素通濟窩匪之根株前或調查未週間有遺漏今者全形畢露毫髮無遺茲聞該降隊奉令調駐通化撫松兩縣不日即可開拔惟此股匪投誠拔防之時期正我地方正本淸源之機會倘再坐失時機稍縱即逝不但餘孽蔓延終無肅淸之一日即迨至夏防青紗幛起勢必嘯聚成帮又恢復從前之禍患勢非洞悉其致病之禍源絕難望其方劑之有效茲先就連年勦撫永無肅淸之惡因爲我憲台約略陳之

一　軍警之通匪也　查軍人乃爲國防之捍衛最高尙之人格宜如何陶冶訓練使之潔身自好以圖報國而衛地方乃年來戎馬倥偬軍人驕橫日甚官長不知管束士兵愈肆招擾甚至濟匪槍械售匪子彈勾通一氣狼狽爲

奸縱上峯命令如何森嚴限期肅清其如虚應故事何且長在自好尚知痛改前非以求自新而一般素乏教養之惰民薪餉不足以自給難免不再流爲匪至地方警甲尤屬良莠不齊游勇革兵在所難免以致今日當兵明日爲匪既不能容于匪又復投而爲兵一旦兵匪鬭遇率皆故舊知交但聞槍聲隆隆孰知彈雲飛空雙方逾途繞避匪其名曰碰瑪甚至匪遺殘缺槍馬軍警獲送報功藉以多銷子彈旋復轉售于匪以圖重酬縱清鄉功令若何森嚴詎知通濟窩匪之源不在鄉村而在軍警是不僅清鄉難收効果且恐愈勦而匪愈衆愈撫而匪愈多矣

二　清鄉之塞責也　查清鄉辦法規定非不週密清查戶口既有連坐切結尤須輪流值日嚴禁軍火既註册烙印又得互保聯結旅行遷移牲畜均發

証券烟賭嗎啡游民莫不嚴拿取締槍爐歸併屯堡嚴查往來聯防會哨治匪之道已可謂標本兼施惟須各縣一律實行方可收事半功倍之効乃此暴彼寒各自爲政互相觀望塞責敷衍此則曰彼不實施我徒勞苦彼則曰我境肅清亦屬罔然縱有實力奉行之一方終難免隣封匪徒之竄擾是清鄉之立法雖良亦猶如紙上談兵也

三　聯防之無效也　查歷年聯防之規定不啻三令五申果能實行不難收指臂之效惟各知事政權限于一隅祇期境內之苟安警甲之力自衛常慮不足何暇救援隣縣無論聯防之令如何森嚴亦須自力有餘方克兼顧連年以來各總指揮之措置掣肘怨謗交集即其實例即如職縣去歲救援朝陽鎮一役亦因前方軍事緊急全局安危所係倘任荏匪擁衆西竄後路無

援勢必影響東省大局故不措傾全縣之兵各方設卡兜擊以與該匪拚死戰幸而一戰獲捷賊勢大挫大局無恙輝南保全事後思之不寒而慄然此等背城借一之舉殆恐他縣未必所願爲也是本省之聯防既如此其難邉論隣省吉邊之各縣其實力不如奉省之充其匪患又較奉省爲重又何聯防之可言此所以聯防會哨久熟耳聞終鮮實效也

四　械彈之來源也　查匪徒之前身多爲游勇革兵莠民逃犯而以魯省客民爲尤多其始也持木棒以換洋砲（或鐵公鷄槍）其繼也即由洋砲槍奪快槍一有快槍到手即可正式入帮爲匪此爲入匪之階級至大帮股匪械彈來源不外軍警甲日商木帮粮戶其在木帮粮戶或以捐搶之逼勒或以綁票爲贖資而日商與軍警甲其絕爲貪利之買賣行爲無疑其來源既有

如是之多自非嚴禁軍火不足以制其死命也

五　匪徒之來源也　查吉邊濛樺盤各縣龍崗一帶歷年鶯粟遍山匪徒視爲奇貨可居盤踞保護每年春間絡繹不絕于途者乃前往種烟之魯民也夏間絡繹不絕于途者乃割烟之魯民也秋間又絡繹不絕於途者乃搶烟之魯民也及至收穫所得終被搶徒搶刼則栽種收割之人無業可作無利可謀一載之精力付之流水勢必挺而走險俱變而爲匪以致愈聚愈衆有增無減知事蒞任後獲訊盜犯其供係因烟種割烟而爲匪者十居八九即其明証此吉邊之烟禁不絕匪徒絕無肅清之望也

六　濛江之爲患也　查東邊一帶雖云鬍匪充斥但詳審來源凡大股匪徒動輒嘯聚成千莫不以吉邊山深林密之處爲巢穴絕非隣省各縣聯防所

可勦除尤非調集重兵嚴守要隘所可防制我東邊各縣受鄰省匪患者臨通輝柳首當其衝桓撫輿海亦間受其害考其盜源皆潛伏于濛江山林之間南至小金川北至那爾轟儼然爲匪之領土此次萑匪投誠其居住濛樺之魯省客民尙聯合擬送萑匪之旂衆匪徒之根蒂如此深固已可概見加以盤踞既久山路熟習森林間障碍尤多軍警進勦則退藏於山林深密之中一經撤防則復乘隙出而綁掠巢穴不淸縱將現在之匪一律收撫迨至青紗幛起難免他匪不相聚而來盤據集合又復釀鄰省之巨患此乃地勢使然吉林省猶無勦除之力遑論濛江縣警團惟有虛與委蛇祇求其不在境內搶掠而已是彼自衛之力尙慮不足又何聯防之可能我奉東邊各縣雖較濛江稍爲殷富終難以一縣之力代庖勦平不得已遂擇邊境要隘設

卡防堵但此巢穴不除終必爲他匪利用其地利况政權操之于隣省而受害則厥爲東邊縱襲黃復生亦當束手總以上匪徒來源械彈來源以及軍警通匪淸鄉塞責聯防無効加以濛江之爲患有此種之原因所以連年勦撫永無寧日玆謹就管見所及擬訂治本之辦法有七再爲我

憲台縷晰陳之

一　淘汰警甲官吏也　查軍人通匪格於職權不能直接懲辦而駐在地方官吏如查有實據亦可搜証揭呈帥座以遏匪源至地方警甲應由各縣知事從嚴淘汰凡涉及通匪嫌疑以及勦匪不力庸劣各員一律裁汰並先由警甲內部施以淸鄉其証明有通匪實跡或濟匪械彈者即按軍法處以大

辟以資振作而儆效尤即從前爲匪現已投誠之官長亦應分別賢否加以裁留如有擁匪自重藉以固位考其必有庇匪釀匪之嫌無論地方匪患如何最重亦屬不能留此不肖官長以貽隱憂如此則地方警甲一新清鄉亦易實行當地匪徒自無孕育之餘地矣

二　委任勦防專員也　查清鄉行政辦法既如上述之週密但非各縣一律實施難收效果擬請專委一文治武備兼全之大員總攬東邊勦防事務兼攝清鄉專責並從嚴責成各縣知事訂定清鄉考成如再有陽奉陰違視爲具文敷衍塞責之縣知事即行分別撤懲以儆將來再將各縣抽調百名聯防隊責其統帶專事防勦以一事權因應咸宜督飭各縣清鄉之進行自能次第實施斟酌各縣情勢之緩急聯防亦可不有效惟匪徒無存在之餘地

即使餘孽未盡亦不難一掃而淸至現在因收撫發見通窩濟匪之戶一律從嚴懲治使奸民有所忌憚善良得以相安則匪徒自無所依附也

三　聯防加入鄰省也　查吉邊濛江盤石樺甸各縣雖警團之力不充而行政寔權尚在縱無出兵會勦之寔力若能於境施以嚴密之淸鄉使匪徒無卵育之隙則我東邊亦不致受鄰省匪患若是之重是以擬請咨商吉林省長轉飭濛江盤石樺甸三縣加入海柳輝爲六縣省區之聯防擇定適中地點開聯防會議一次縱不希望其聯合會勦以淸巢穴祇求其承認寔行淸鄉以省此殺彼育根株不除縱我東邊各縣淸鄉辦理如何完善終難免鄰封匪徒竄擾也

四　嚴禁軍火轉移也　查匪徒械彈之來源既如上所述應分晣以杜絕之

甲 日商 應請

省署或外交署與日領嚴重交涉日商販運槍彈必須我國承認方准運輸倘濟匪徒即助長與國之內亂有碍邦交並通飭沿海口岸水陸警察從嚴查防獲即沒收以杜外人械彈之輸入

乙 軍人 應請

軍署對於駐軍勦匪之銷彈應從嚴限制倘查有濟匪事寔尤應以軍法懲治以資儆惕地方官如得有軍人濟匪軍火之寔據亦應據實揭呈以肅軍紀

丙 警甲粮戶木帮 警甲勦匪之報銷子彈應由該長官負責嚴查每逢出發應先開明械彈實數如交鋒一畢仍由該長官復查共耗若干不使稍有

浮餘彼即無從出售倘有私留子彈一經查出定即嚴辦以儆將來至於粮戶木帮無論其被匪綁票抑係勒捐如有輸匪以械彈者即以通匪嚴辦然後遵照警務處頒發之軍火條例烙印註册禁其轉移則匪無子彈來源槍械直同木棒有縱大股匪徒亦無能如何矣

五　禁絕吉邊種烟也　吉邊山林一帶烟苗遍山栽種者有人收割者有人搶刼者又有人秋成所獲被刼必俱變而爲匪勢非斷絕吉邊之栽種鶯粟匪徒萬難肅清濛江之荒亦絕無懇熟之日應由我奉派定軍警會同吉林省軍警于烟苗初育之期入山一律剷除將割種之徒從嚴懲治俾魯民來歸者知所畏懼一律安分懇荒縱匪徒不能因事而肅清亦去掉爲匪之一大淵源也

六　濛江劃歸奉屬也　查濛江地理三面隣奉東邊各縣莫不受其匪患縱清鄉實行亦不能及於隣封相互聯防彼又乏同等兵力擬懇上將軍將濛江劃歸奉屬隸于東邊道區一切行政自必按奉天之設施殖民道途較近屯墾易於成功生產逐漸發展公欵亦因之充裕警甲既不能如現在之單薄則清鄉聯防亦自與東邊各縣無異地方政務進化在之與治匪有關則前爲隣封今爲轄境其治匪之道自與治本地之匪無異再不致勦匪出境即無可追襲矣然後將邊防要隘擇警甲之勁旅防守有事聯合會勦不除根株不止無事則嚴守邊境不容稍越雷池如是則縱有匪之巢穴自不難盡力蒐索以絕其根本也

七　邊防增設縣治也　查小金川至那爾轟龍崗一帶南北約三百里雖山

胍蔓延森林蓊鬱而土地實多膏腴不惟大好疆土棄置殊屬可惜且無人經理將來樹株伐盡祇剩一片荒涼如能於小金川那爾轟兩處分設縣治四民必踴躍來歸不數年間荒地盡成熟田生產自然富庶政務設施發展匪徒自難容身且與濛江地理勢成畸角關係自深清鄉聯防均可相助爲理雖不敢謂如此辦理遽見肅清然治本之方似難捨此也

至於治標之道賅括言之不外勦防二字防者不過巡邏會哨擇要設卡以暫無綁搶捐之案爲目的勦者其勦法固不一致或臨時遇勦或入山尋勦或聯防兜勦或軍警會勦若不施行以上治本辦法其結果也非此擊彼竄即兵去匪來終有勦不勝勦防不勝防之勢是僅恃勦防固難收肅清之効但縱有治本辦法仍須輔之以勦防方克有濟則治標之勦防仍不能棄捨也知事蒞輝

年餘無一月不聞匪警即無一日不思治匪之方探本求源訪察籌議僉以上陳辦法爲合宜一時之愚或可爲涓滴之助謹爲地方請命藉舒鈞憲憂勤是否有當理合備文報乞鑒核採擇施行謹呈

歌諺

古者採詩取於里巷貢之郞廟上自卿貳下迄牧豎詞無雅俗兼搜並採良以染翰操觚固爲藻飾昇平輔翊盛德而草澤謳歌視聽所繫亦見民風古今無二道也今輝南地利雄厚民情樸茂隴畝叩角之歌謠鄉曲流傳之諺語雖屬俚鄙不文然而小人德草惟風斯從亦見其樂業歌風之有自也試略舉之以覘其志

歌一進丁老營溝走過略棒嶺劈開石棚金就湧西至長蟲哨東至鳳鳴頂杉松崗上多煤井燋炸全磁更猛最大出產是鐵礦按石棚溝金礦今已停採長蟲哨與杉松岡相連所謂東西一道嶺也

諺二一年兩度春帶莢貴於金謂一年之中正臘兩見立春則莢糧豆類價必昂貴也

蝙蝠掉山河嘯謂蝙蝠夜飛忽墜於地輒必大水鄉老驗之屢矣

軼聞

清初范文肅公文程幼時從父渡遼築室三通河畔夜月攻讀蒼頭隱几人靜如鷺輒聞水聲抨擊軋轢甚厲開戶視之見一鼉大如牛掉尾鼓浪稽首向月作參拜狀呼僕起視僕懼而踣遂自取弓躍岸射之鼉斃脫衣入水牽至河上

用刀割項斷尾分爲三段負至入室割其首內有鉅鹿遺書裂其腹內阿衡方略抉其尾內有太公陰符計書三通署檢古篆依稀可辨展而讀之多不識惟陰符一目了然於其用兵神出鬼沒千變萬化以少勝多出奇制勝各策讀之覺一字一珠獨有心得徹夜揣摩未遑或息荒山日出三册杳然惟巨鼇龐然蔓落一殼而已其後范公從龍入關指揮如意百戰百勝人皆以爲自陰符得來故至今河名三通云

清光緒初獵者宿某行弋圍荒至蛟河遇颶風飛塵蔽目不辨物色倚樹兀坐約炊頃蕭蕭刁刁猶未之息躁極舉器仰射砉然一物墜於身旁聲甚厲物形如人官肢略具疑誤傷人悔懼奔歸越日鄰人卞某拾宿射物曳歸衆不識爲何物蓋人形而兩腋生翼似飛熊者宿聞往視歷叙原委衆大駭由是宿能射

飛人之名大噪此地山中人謂採蔆曰放山邑人于郭二氏放山於濛江五臺山得蔆甚夥旋里路經龍灣郭濛禍心擠于墜淵獨有其蔆于幸爲葡萄藤牽礙得不死崖岸陡不能登又孤懸壑中手足無措念交友不愼攖此險處經晝入夜飢灼萬狀採葡萄食之詰且見潭壁側石洞口大如甕可容人自顧無分生還不如挺而走險乃縱身一躍而及洞口傴僂以入漸覺曠坦前路有光行十餘里豁然開朗遙見草屋數楹隱隱道左就之見一古衣冠鮐背叟與之語不通惟以手東向揮霍若示意者于乃東行又十里入一幽谷遍地蔆苗類菱角牛尾金蟾龍爪等形玲瓏可愛於是採而納諸櫝中又前行得平原方十畝種蔆成隴紅朶纍纍如荼如火莖高於樹花大盈把非世間所見乃傾櫝壁之忽一髫齡童子奔至精氣勃勃盛怒叱曰何物狂奴獵我園中蔆行篋已盈猶

得隴而望蜀耶以手揚塵于目迷不能視婉辭謝咎已而童子曰速去吾不汝殺設遇吾父汝其休矣予挼目不見童子遂狂奔忘來時路行約一時之久髣髴已還人世審之藻郡五臺山也計程已一一舍矣山原孕秀草木鍾靈豈其然耶

獵者武甲武乙露宿龍潭見水面火星亂拋潑刺有聲赤燄燭天水中突起樓閣聳入雲端峻宇雕牆飛甍俛闥晶瑩皆似水晶潔雅絕倫男女幢幢往來如有趨供己而管絃齊作鈞天廣樂霓裳羽衣祇應天上覓異人間二人方凝視頃有物自樓降潭徧體鱗甲獨角紾昔舉銃擊之咆哮入水說者以爲龍云

縣屬二區民戶范景全之妻某氏於民國十二年五月一胎生三子脂偉岐嶷不折不副王杼知事傳諭而厚賚之鄉曲細民雖無薛鳳荀龍之聲然耕鑿無

慾元精耿耿亦見民之厚也

跋

癸亥冬吾鄉蘇承天主纂興京縣志余從之襄編緝脫稿之際四方友人頗遺書道賀其成用是不勝爲惴惴余生也晚未讀書家無靑箱之學少年掉輕心從事著作知其謬也辛得鄉之先達爲之鑒定就正有道始克付梓然而至於今余之惴惴未少減也丙寅夏余在通化中學濫竽講席輝南大令白君仲方以電敦余襄輯縣志所以貿然肯來者以白君績學士悉掌故而擅史才集蒦易取也至而焚膏夕纂明月照帷礪墨晨書淸風展頁白君力餘縣政促促無須臾之隙以爲擘畫于李二舘長又各羈於職守無以爲教而篇中各事之徵採又靡專人纂輯之暇輒造各處遇輝人而詢之而又不多識輝人展轉以人紹介而詢之而有得而亟以歸而錄之其體例本省令不復有所疑懼獨其所

錄之是非得失一惟記問之是資向者以桑梓之地而戡察之而編輯之於輿京縣志猶多未能自信矧此空言是取之爲志其事雖得於輝之人得必其無撲朔迷離者然而已脱稿矣林琴南曰以一人之精力欲以應萬目之取求烏能家酬而衆給余於是有同慨焉余猶望得輝之明達之士鑒定而後付之梓則其謬必減而余後之惴惴之情或少減矣

中華民國十六年六月　　日于鳳桐識